Manual de Iniciación
para la creación y gestión de
Tiendas Online
Loogic

Ignacio de Miguel Ximénez de Embún

Manual para Tiendas Online Loogic 2014
Edita: Loogic.com
Inventa Internet SL
B-45672482
Autor: Ignacio de Miguel Ximénez de Embún

Registrado en Safecreative.org con nº 1405210900390

Índice de contenido

Prólogo

Al igual que existen negocios sólamente con tienda física, existen negocios sólamente con tienda online. Pero el comercio electrónico o *ecommerce* ha pasado de ser un concepto de negocio en sí mismo para ser un canal de ventas más de cualquier negocio. Este es uno de los enfoques del comercio online que debemos plantearnos si queremos poner en marcha un nuevo negocio de comercio electrónico: el e-commerce es un canal de mi negocio, no tiene por qué ser el negocio en sí mismo.

Los costes de implantación de una tienda online son muy bajos comparados con la puesta en marcha de una tienda física (alquiler, licencias, acondicionamiento de local, mobiliario, gastos fijos de luz y limpieza, personal de atención al cliente con horario fijo) y eso hace que si bien es relativamente sencillo montar una tienda online, no lo es en absoluto vender online. Esta es la segunda cuestión que debemos tener muy en cuenta, en el mundo físico la gente circula por delante de nuestro escaparate por el simple hecho de estar en una calle, pero en el mundo online nadie transitará por nuestro escaparate si no vamos a buscarlo, y eso cuesta esfuerzo, trabajo y dinero.

Así que teniendo esas dos cosas claras, voy a profundizar en todo lo que pueda para que esta guía sea una especie de manual o de colección de indicadores para hacerte pensar sobre tu tienda online, y para que puedas aprender lo que no sepas todavía de lo que necesitas para tener un comercio electrónico (y además vender ganando dinero).

Haré frecuentes referencias al mundo físico y lo tomaré en muchas ocasiones como punto de partida para exponer los conceptos de tienda online. Por otro lado hago referencia con frecuencia a negocios online como ejemplos del tema que esté tratando en ese momento. Estos ejemplos no pretenden ser mas que ejemplos, sólo se representan a sí mismos y por supuesto hay muchos más que no menciono, en ningún caso se trata de una lista de lo que podemos encontrar.

Otra cuestión a tener en cuenta al leer esta guía es que su índice de contenidos está orientado a la comercialización de productos físicos. Por tanto en la comercialización de servicios o productos digitales hay muchas cuestiones que no son de aplicación.

Por último comentar que el índice de contenidos está estructurado de forma que me permite relacionar unas cuestiones con otras, pero perfectamente la ubicación de algunos epígrafes podría ser otra ya que no se trata de cuestiones independientes sino que están entrelazadas entre sí.

Y para finalizar una advertencia: la información relativa a normativa legal o cuestiones de cumplimiento normativo, legal, fiscal y tributario no son mas que a título orientativo y no constituyen ningún tipo de asesoría al respecto sino simplemente como una orientación para empezar a no perderse demasiado en la maraña normativa. En este sentido recomiendo que consultes a los expertos abogados y asesores adecuados para tu negocio.

1. Tipos de comercios electrónicos según su objetivo o canal de ventas

Como ya he comentado en la introducción, hay dos tipos bien diferentes de comercios electrónicos, aquellos que son puramente online y aquellos que utilizan el online como una canal más de ventas.

Ya han dejado de ser excepción las tiendas online que abren una tienda física y normalmente con mucho éxito, lo que apoya esta filosofía de internet como un canal más de venta. Por otro lado, el canal internet podemos subdividirlo en otros canales atendiendo a diversos criterios. Según el origen del cliente, de una red social o de un buscador (en España hoy por hoy el buscador a considerar es Google); según el tipo de dispositivo que utiliza el cliente podemos tener el canal pc, tableta o móvil. Esta subdivisión en definitiva es un aspecto que tendré en cuenta en otros apartados de la guía, pero a efectos prácticos voy a considerar simplemente el canal online como un único canal en su conjunto.

Para tu propia tienda online puedes decidir que te interesa más un "subcanal" más que otro y poner énfasis en él. Bien puede ser por el tipo de producto que vendes, por el tipo de público al que te diriges o por el tipo de gestión de ventas que realices. En cualquier caso, la elección de un canal de ventas u otro debe responder a un objetivo de tu negocio para que puedas tener claro qué acciones tomar para vender más y medir los resultados.

Ventajas de canal online como único canal de ventas (tiendas cien por cien online):

Los costes de implantación de una tienda online son más bajos que los de una tienda física. Esto no quiere decir que se pueda vender online sin invertir dinero. En primer lugar, según nuestro modelo de venta puede ser necesaria una considerable inversión en la tecnología necesaria para la venta por la necesidad de personalizar las aplicaciones de código libre que tenemos a nuestra disposición, o comprar la licencia de una aplicación comercial que se adapte mejor a nuestras necesidades sin tener que tocarla, o bien contratar un desarrollo a medida (normalmente esto es una mala opción).

Otro coste directo suele ser el diseño o aspecto de la tienda. En muchos casos podremos utilizar plantillas estándar de bajo coste, pero si queremos destacar de la competencia o crear una nueva marca asociada a valores específicos de nuestro producto o filosofía de venta, va a ser necesario tener un diseño característico acorde con estos valores y filosofía, y eso cuesta dinero.

En tercer lugar hay que tener en cuenta que una cosa es tener una tienda online publicada en internet y otra muy distinta es vender. Para vender hay que darse a conocer, y eso requiere mucho trabajo y algo de dinero. Determinadas acciones publicitarias pueden ser imprescindibles al inicio y tienen un coste. El trabajo de difusión (marketing) tiene un coste que debemos tener en cuenta a la hora de evaluar la puesta en marcha de una tienda online.

En el modelo de negocio online no sólo la venta de productos (o servicios) tiene que ser rentable sino que debe soportar el coste de adquisición de cliente (CAC), mediante acciones de marketing o publicitarias.

¿Cuánto te cuesta conseguir un cliente para tu tienda online? ¿Qué rendimiento le sacas a ese cliente hasta que deja de serlo? De estos aspectos hablaré más adelante.

Hay un subcanal online que quiero mencionar aquí como canal especial de ventas. Se trata de los "marketplaces" o agregadores de vendedores. Son plataformas "verticales", es decir, especializadas por sectores, a las que cualquier vendedor se puede unir para vender sus propios productos, bien con su marca, bajo la marca del agregador, o con una imagen de marca mixta agregador-vendedor.

Algunos vendedores de productos de importación utilizan estos agregadores como únicos canales de venta de sus productos online y no disponen de tienda online propia. La gestión logística y de transporte suele caer del lado del vendedor, pero algunas plataformas ofrecen servicio de transporte a los vendedores para facilitar el proceso. Nos encontramos en este caso con plataformas archiconocidas que ofrecen este sistema como Amazon y Ebay (para todo tipo de productos), Fnac (el gigante francés dispone de un mercado para vendedores ajenos a la marca) y otras plataformas verticales que son muy comunes en el sector de la artesanía (Artesanio, Artesanum, Etsy, Dawanda) o de la alimentación (Mumumío, Hermeneus) por poner algunos ejemplos.

Ventajas del canal offline (físico) como canal de ventas:

Por una calle siempre hay algún tráfico de clientes potenciales. La elección de la ubicación es algo primordial para el éxito de una tienda física aunque no el único. He visto cómo cerraban una panadería en dos ocasiones y una tercera reapertura en el mismo local (con distinta marca y planteamiento) ha logrado triunfar. Pero lo que es innegable es que hay un determinado tráfico de personas por delante del escaparate al que podemos venderle nuestros productos, y esto no ocurre en la tienda online de buenas a primeras.

Ventajas de disponer tanto del canal online como del canal físico de ventas:

Muchas tiendas físicas han dado el salto a internet para ampliar su campo de acción, captar nuevos clientes. Pero no siempre la combinación física-online es para captar nuevos clientes, puede ser una herramienta para no perderlos o para fidelizarlos.

Para este tipo de comercios electrónicos mixtos debemos hacer un análisis desde los dos lados para saber cuáles son las necesidades, ventajas, beneficios y estrategia de venta. En general podemos decir que la existencia de una tienda física junto con la tienda online supone elementos importantes de refuerzo de marca, retroalimentación de un canal con el otro (en ambos sentidos), reducción de costes logísticos, mejora de la imagen del cliente, aumento de la confianza y fidelización, etc.

En este tipo de casos lo que nos encontramos es que una de las dos alternativas lleva más peso que la otra, y suele coincidir con el orden de implantación, pero es no afecta al modo de gestión del canal online que es de lo que tratamos aquí. Si tu opción es tener una tienda online como escaparate residual de tu negocio, utilizarás poca de la información de esta guía. Vamos a contemplar el escenario en el que independientemente de disponer de tienda física o no, queremos que nuestra tienda online sea un buen negocio rentable.

Un caso interesante del paso del mundo online a tienda física es el de Curiosite.es. Se trata de una tienda online de regalos originales. Abrieron una tienda física en el centro de Madrid después de tener un gran éxito con la tienda online. Los resultados son muy interesantes porque aunque es cierto que una parte de la clientela pasa del online al offline, la tienda física capta a nuevos clientes y la convierte en rentable por sí misma aun sin contar con las sinergias que se producen entre ambas.

Hay un elemento más relacionado con las tiendas online y su presencia física, que es el concepto "pop-up store". Se trata de tiendas físicas temporales que pueden estar abiertas desde varios días hasta varios meses aunque lo normal es que no excedan de un mes. En estos casos se trata de tiendas online puras que ofrecen de forma puntual una venta física como medida de realizar ventas más o menos compulsivas (es ahora o nunca), dar a conocer la marca, captar nuevos clientes, y deshacerse rápido de un estocaje de producto, sin los costes fijos de mantener una tienda física de forma permanente.

Este concepto está ampliamente extendido y se utiliza con una gran versatilidad como por ejemplo en el caso de Unlugardiferente.com Se trata de una tienda física outlet de electrodomésticos y pequeña electrónica, con larga trayectoria. La tienda online es residual por las características de su negocio, ya que los productos que venden son únicos y eso dificulta la catalogación online y su puesta a la venta simultánea en la tienda física. Para ellos la tienda online es un pequeño escaparate en el que venden una pequeña parte, y sobre todo atraen clientela a la tienda física.

En lo que se refiere a las pop-up stores, esta tienda física situada en un polígono industrial de las afueras de Madrid capital, realiza ventas de unos días en pop-ups en locales ubicados en el centro de Madrid. Esto les permite vender de forma rápida stocks de mercancía acumulada y captar nuevos clientes a los que no llegarían de otra forma. *Unlugardiferente* ha utilizado el concepto *pop-up store* vinculado a las tiendas online como una extensión de su propia tienda física.

Con este ejemplo lo que quiero transmitir es que cada negocio adapta los modelos a sus necesidades y no tenemos que descartar ningún tipo de venta, modelo o forma de darnos a conocer y vender, y no hay que tener miedo a salir de internet si es necesario aunque nuestra tienda sea cien por cien online.

Otro ejemplo de *pop-up store* de gran éxito es el de Itandvip.com Se trata de una tienda online de moda y complementos de segunda mano de grandes marcas y de moda de lujo. Su negocio es inicialmente online pero varias veces al año realizan una venta física durante tres días en la que obtienen importantes volúmenes de venta facilitando la salida de stock y captando nuevos clientes que luego son traspasados al canal online.

Sea cual sea nuestro modelo debemos tener muy claro el objetivo de cada acción que realizamos y medir los resultados sobre la ventas y los beneficios, para mejorar dichas acciones en la próxima ocasión.

2. Tipo de comercios electrónicos según el modelo de venta

En el mundo físico estamos acostumbrados al tipo de venta al detalle, el "retail" o el por menor de toda la vida, la venta de producto que compramos como consumidor final de forma individual y a un precio fijo marcado por la tienda de antemano. Este es el modelo en el que solemos pensar cuando hablamos de tienda, pero no es mas que una parte de las posibilidades que tenemos.

En el mundo físico también hay otras formas de venta que tienen su reflejo de una forma u otra en el mundo online:

- la venta por catálogo
- producto único en puesto en un centro comercial
- la venta "push" en la que te llama un agente comercial (desde teleco, vinos, congelados….) o te visita (electrodomésticos...)

14

- ventas en presentaciones grupales como robots de cocina.
- venta por suscripción: coleccionables de quiosco

Todas estas opciones tienen su equivalente en el mundo online con sus propias características y ampliando las posibilidades gracias a las facilidades que aporta la tecnología. Vamos a repasarlas.

2.1   Productos individuales

La tienda más común, en la que seleccionamos los productos que queremos y los compramos, es la venta al detalle de cualquier tienda física o supermercado.

Una gran parte del éxito de este tipo de tiendas online está en ofrecer un catálogo amplio y variado de productos especializados del sector en el que estemos vendiendo. Cuando más éxito tienen las tiendas online de venta de productos individuales, más amplían su catálogo, lo que les lleva a vender más en un círculo virtuoso. Evidentemente la amplitud del catálogo no es lo único necesario para vender online, pero la variable de número de referencias distintas sí que tiene un peso importante en la mayoría de las tiendas online verticales o especializadas de éxito.

Una de las tiendas online españolas más exitosas en este sentido es el grupo Tradeinn.com que dispone de diez tiendas online de producto especializadas en deportes. Supera las 250.000 referencias en su catálogo y gracias a tu tamaño dispone de marcas en exclusiva en la venta online. Este es sólo un ejemplo de lo que puede crecer una tienda puramente online de venta de productos especializados.

2.2   Boxes o cajas de suscripción

Las cajas de suscripción o "boxes" como se las conoce en el sector son un modelo de venta que todavía no está muy arraigado en España a pesar de que hay una oferta de más de 50 cajas de este tipo. Se trata de una compra por suscripción, normalmente mensual aunque cada vez más se ofrece de forma trimestral, de cajas con productos seleccionados. Podemos verlas todas reunidas en la web Fandebox.com

Las primeras cajas y las que parece que tienen más éxito son las asociadas a productos de consumo, cosmética y belleza, droguería y de compra habitual. Este es un modelo en el que hay grandes variaciones entre unos planteamientos y otros. Hay cajas donde los productos son muestras o regalos de fabricantes (formatos reducidos o especiales de tipo promocional), otras en las que son productos de formato comercial convencional, y otras en las que el producto que se ofrece es algo personalizado o a medida.

Un valor recurrente de este modelo de venta es que la percepción de valor del cliente respecto a los productos que recibe es muy superior al precio que está pagando por ellos. En algunos casos es algo objetivo puesto que se trata de productos de marcas que pueden llegar a tener un elevado coste (aunque sean muestras promocionales).

Otra variable de este tipo de venta es que la selección de productos normalmente la realiza el vendedor y no da opción al comprador que espera recibir su caja periódica en gran parte a modo de sorpresa, sin saber exáctamente lo que le va a llegar.

Es un modelo que se está intentado mucho en todos los sectores, desde la moda, cosmética y droguería, pasando por alimentación de grandes marcas, alimentación de productos artesanos, manualidades, etc.

En algunos casos la clave del negocio está en el servicio de marketing y publicidad que se hace a las marcas de los productos que se incluyen en la caja, y en otros casos la clave es la propia venta del producto enviado. Son dos vertientes muy diferentes aunque desde el punto de vista del cliente se trate igualmente de una suscripción periódica.

Personalmente considero este modelo reservado a personas experimentadas en el comercio electrónico porque supone un grado más de complejidad en la comunicación y gestión de la venta, y en la atención al cliente. Por otro lado a día de hoy en España no estamos habituados a este modelo como compradores y la percepción del sistema no es tan evidente o sencilla como pueda parecer, existiendo todavía una brecha importante en cuanto a la percepción de valor y el valor real de las cajas de suscripción.

Muchos comercios electrónicos han incorporado este modelo de venta por suscripción como una nueva forma de vender para atraer más clientes y diversificar las ventas.

2.3   Compras grupales y clubs de compra

Las compras grupales es en lo que se basan los llamados grupones o clubs de venta privada. Se trata de abaratar el coste de un producto gracias a la compra colectiva del mismo, por la compra de un volumen determinado del producto.

La propuesta de valor es que al comprar el mismo producto una gran cantidad de personas, el precio del producto se abarata. Detrás de este modelo hay muchos detalles importantes como la venta de outlets, compromisos de compra y reservas a fabricantes, promociones de empresas que quieren captar clientela (ganan dinero por el marketing más que por la venta en sí misma) e incluso hoy en día fabricación a medida bajo demanda dependiendo del éxito de una campaña de venta de este tipo.

Este modelo está reservado a grandes jugadores, al menos en los nichos de mercado más amplios, donde encontramos vente-privee, privalia, buyvip, groupon, etc.

Este modelo también se utiliza a pequeña escala en la compra de productos de alimentación ecológica a pequeños productores, funcionando como pequeñas cooperativas de compra.

2.4   Ventas flash

Normalmente se trata de un producto con unidades limitadas y por tiempo limitado que además tiene el atractivo de un descuento sobre el precio habitual. Suele tratarse de productos provenientes de outlets o promociones.

Hay algunas tiendas cuyo modelo es de subasta con un plazo limitado para realizar las pujas. Incluyo este sistema de puja en las ventas flash porque suelen poner a la venta unidades únicas de productos y el plazo de compra es limitado. La trampa de estos sistemas es que cada puja cuesta dinero, lo que significa que podemos llegar a gastarnos mucho dinero y no conseguir nada. Como cliente no recomiendo en absoluto este tipo de comercios, así que como profesional tampoco puedo estar a favor.

2.5   Un único producto

¿Por qué no vender un sólo producto? Lo vemos cada vez más en puestos temporales en los pasillos de los centros comerciales. La mayoría de las veces no es un sólo producto como tal, sino que tiene múltiples variantes y podríamos decir que se trata de una tienda hiperespecializada.

En el canal online podemos vender un solo producto de forma realmente única sin variantes. Técnicamente nada nos lo impide. Es cierto que comentaba antes que un catálogo amplio facilita tener más ventas, pero a la vez podemos vender un producto único muy singular y convertirlo en un buen negocio.

Este tipo de venta suele estar asociado a la fabricación propia del producto que se pone a la venta ya que se trata de algo singular, que el cliente no puede encontrar en otro sitio ni en otra tienda porque se trata de un diseño exclusivo.

En este tipo de casos, lo normal es disponer de variantes o modelos del producto único, con lo que nos convertimos en una tienda hiperespecializada con un catálogo algo más variado, que una vez más, nos hará vender más.

2.6   Dropshipping

El *dropshipping* es la venta en la que la tienda no dispone del producto, sino que es otra entidad (normalmente un mayorista o incluso el fabricante) quien se encarga de enviar los productos directamente al cliente sin pasar por el vendedor.

Esta técnica es muy utilizada por agregadores de tiendas de alimentación como Mumumio.com, que está a medio camino entre un agregador de tiendas y una venta *dropshipping*. En este campo se puede englobar también a otro agregador de alimentación como es Hermeneus.es Los inlcuyo en el apartado de d*ropshipping* porque el cliente es de estas plataformas, no del suministrador final del producto que en muchos casos dispone de una tienda online pero en otros casos no, tratándose de tiendas físicas. Estos agregadores mencionados han evolucionado su modelo de negocio desde sus inicios. En el caso de Mumumío, se ha convertido en una tienda propia para muchos productos a través de acuerdos con fabricantes de forma directa, saltando a las tiendas de la propia comunidad con las que al final tiene una relación de competencia como una tienda más dentro de dicha comunidad.

Más adelante en el apartado de gestión del stock volveré sobre el *dropshipping*.

2.7   Agregadores de vendedores y dockshipping

Los agregadores de tiendas o de vendedores son muy populares. Entre los mayores agregadores de vendedores encontramos a Ebay o Amazon. Es muy interesante ver la estrategia comercial de este último cuando ha decidido introducirse en España. Inicialmente ofrecía productos a través de diferentes proveedores, la mayoría españoles. Para el cliente quien vende es Amazon. Con el tiempo (poco ha necesitado) ahora dispone de un almacén propio con producto propio, de forma que ya no necesita a sus antiguos proveedores para el catálogo que ha asumido de forma directa. De Ebay poco se puede decir que no se conozca, cualquiera puede vender sus productos dentro de Ebay como particular o como profesional.

Ese modelo de agregador se repite mucho sobre todos por sectores verticales o especializados. Tenemos el ejemplo de los internacionales (y ya en España) Etsy.com y Dawanda.com especializados en artesanía y manualidades de pequeños vendedores.

Los agregadores no venden de forma directa sino que vende cada tienda agregada con sus condiciones. La plataforma intermediaria puede ofrecer servicios de valor al vendedor (además de conseguir al cliente) como son formas de pago o incluso servicios de transporte.

Como caso particular de agregadores que no ofrecen ningún valor añadido se encuentran los directorios de tiendas. Son múltiples y poco populares en general, simplemente añaden las tiendas en un listado y no suelen aportar demasiado al vendedor, ni siquiera clientes, ya que para eso es necesario un grado importante de posicionamiento en buscadores (Google) y de tráfico de los que normalmente no disponen.

Una variante del *dropshiping* y que tiene mucho que ver con los agregadores de tiendas es el llamado *dockshipping* que consiste en agrupar los pedidos de varias tiendas para que le llegue un solo paquete al cliente que ha comprado dentro de una comunidad de tiendas.

El *dockshipping* no es muy habitual por las complicaciones logísticas que supone y los costes acumulados de los transportes desde el origen hasta el intermediario que agrupa los productos. Un comercio electrónico basado exclusivamente en este modelo es la tienda de productos de alimentación etendas.com

De cara al cliente el *dockshipping* es transparente, es decir, el cliente normalmente no percibe que está comprando en distintas tiendas o a distintos proveedores, sino que compra todos sus productos de manera conjunta. Por detrás el vendedor no dispone de los productos hasta que le son enviados por los vendedores originales o fabricantes. Para poder llevar a cabo este tipo de gestión de modelo de negocio es necesario:

- producto garantizado en stock en origen.
- transporte urgente entre el origen y el intermediario: a ser posible en el mismo día.
- costes bajos de transporte entre origen o intermediario, y costeados por el vendedor de origen: la forma de conseguirlo es tener el almacén intermediario cerca de los proveedores; por eso este modelo tiene más éxito en productos de alimentación con un marcado origen local de cercanía entre sí.

Cuando determinados productos tienen una alta rotación, el intermediario puede hacer un pequeño almacenamiento del producto para ahorrar costes de transporte y aumentar la rapidez en la entrega al cliente final. En esta situación es muy importante la diferencia entre disponer del producto en depósito (lo tiene el almacén intermediario pero no lo ha comprado en firme) o el producto comprado en firme (está pagado y sin posibilidad de devolución). En el apartado siguiente hablaré más sobre estos temas.

3. Logística

La logística en comercio electrónico da para escribir un libro completo. Es muy interesante ver los modelos de transporte de grandes tiendas online como pueden ser gigantes tipo Amazon o tiendas españolas como Tradeinn ya comentadas antes o por ejemplo Aceros-de-hispania.com, que venden una gran parte de su facturación fuera de España.

Parafraseando a Ricardo Lop, CEO de *Aceros de Hispania*, no hay ningún proveedor de transporte que sea el mejor en todas las franjas de peso/tamaño y para todas las localizaciones. Con esta idea en la cabeza, y sabiendo que al comienzo no tenemos fuerza de negociación ni experiencia para conseguir precios competitivos con varias empresas de transporte, vamos a ver si podemos optimizar los aspectos logísticos cuando empezamos con una tienda online.

Porque la logística no sólo es el transporte del pedido que ha comprado el cliente. La logística hay que separarla en varios apartados:

- transporte del fabricante hasta nosotros: no he dispuesto un apartado especial en los contenidos al respecto de este punto porque es la parte más sencilla de todas. Los proveedores tienen sus políticas de precios con respecto a los envíos, y no tiene ningún misterio ni suele ser un apartado para negociar ni para conseguir grandes ventajas. Lo que sí debemos tener en cuenta es que cuanta menos mercancía solicitemos a un proveedor más caro nos va a salir el transporte por unidad de compra. Teniendo en cuenta esto a la hora de poner nuestros precios de producto y transporte no hay nada más que contar al respecto.

- almacenamiento y gestión del stock de productos.
- empaquetado y preparación de los pedidos.
- envío de los pedidos al cliente.
- devolución de pedidos por parte del cliente.

3.1   Gestión del stock

La primera recomendación que tengo que hacer sobre la gestión del stock es que debe ser lo más ordenada posible. Pero antes de eso debemos analizar muy bien el tipo o tipos de productos que vamos a vender y cuáles son sus características de almacenamiento. La gestión del stock tiene dos componentes diferentes, uno es el que tiene que ver con la gestión del propio almacenamiento y otro el que tiene que ver con la gestión de la rotación del producto, es decir, lo que tarda el producto en venderse y se sustituido por producto nuevo para vender. En relación a la gestión del almacenamiento lo veremos después en otra sección.

En cuanto a la rotación del stock hay que tener en cuenta:

- caducidad del producto.
- tiempo de vida del producto para su mejor venta.

Los productos de alimentación (no me refiero a los productos fresco) tienen fecha de caducidad o de consumo preferente que son límites que hay que tener muy en cuenta a la hora de hacer las previsiones de ventas. Bajo ningún concepto podemos vender un producto caducado ni cercano a su fecha de caducidad. Los pedidos a los proveedores han de tener en cuenta el tiempo que tardamos en venderlos de acuerdo a estas fechas de caducidad o consumo preferente.

En ocasiones, sobre todo si no se trata de productos de alimentación, lo que tendremos en cuenta es el tiempo de vida del producto para su mejor venta. Es decir, el tiempo durante el cual es más atractivo al consumidor. El ejemplo más claro son los productos estacionales como moda, juguetes o regalos para fechas señaladas; si no los vendemos en un plazo determinado de tiempo, pierden el interés y será casi imposible venderlos. ¿Qué hacemos con los productos que no hemos vendido y ya no vamos a poder vender, al menos hasta dentro de un año en el que se repitan las fechas adecuadas?

La experiencia dice que es preferible quedarse corto en previsiones de venta y quedarse sin producto que hacer pedidos demasiado grandes a nuestros proveedores. Esta afirmación es independiente de que el producto lo compremos en firme, lo podamos devolver o lo tengamos en depósito. Sea cual sea el caso anterior, el mover mercancía, gestionar su almacenamiento y tenerla guardada es un gasto, que bien sea parte de un gasto fijo o variable, puede ocasionarnos pérdidas en nuestro negocio.

El cálculo de la rotación de stock es algo que debemos hacer y normalmente se pasa por alto provocando desagradables sorpresas con el paso del tiempo. Es cierto que si comenzamos de cero no podemos hacer predicciones fiables, y por eso mismo hay que ser muy conservadores en la evolución de nuestras ventas.

Al inicio de nuestra venta online haremos una estimación de ventas, que como toda estimación tendrá una hipótesis mala, una intermedia y una positiva intentando ser lo más realistas posible. Esta estimación la proyectaremos en el tiempo a un año vista desde el momento cero y posteriormente iremos marcando sobre la proyección los datos reales de las ventas. Mi recomendación personal es que hagamos nuestro aprovisionamiento teniendo como referencia la hipótesis menos favorable.

Este ejercicio nos dará mes a mes y trimestre a trimestre, no sólo una visión real de la situación de nuestro negocio, sino una corrección de las proyecciones de ventas de cara a la gestión del stock y al cálculo de la rotación del stock.

Lo que ocurre normalmente es que unos productos se venden más que otros, así que el ejercicio anterior tendremos que hacerlo por cada producto o grupos de productos con ventas similares, para averiguar la rotación del stock para cada uno de ellos y actuar en consecuencia con respecto a la provisión de dichos productos.

El resultado de estas mediciones nos dará con exactitud cuánto tiempo ha de pasar para que se acabe el producto comprado al proveedor y tener que comprar nuevo producto para vender. Si este tiempo medio es superior al plazo medio de caducidad o de mejor venta de nuestros productos tendremos un problema, porque nos quedaremos con mercancía sin vender yendo directamente contra nuestra cuenta de resultados.

Todo esto siempre tiene excepciones. Pongamos el caso de un producto estacional que tengo que pedir a fábrica sobre catálogo y que será servido por el proveedor sólo una vez para ser vendido en mi tienda durante un tiempo limitado. Se trata de un "todo o nada", comprar ahora lo que creo que voy a vender, sin posibilidad de hacer un nuevos pedido al proveedor o sin tiempo para disponer de él dentro del tiempo de venta estacional. En estos casos en los que no existe posibilidad de reaprovisionamiento tenemos que ser muy conscientes del riesgo que asumimos en el negocio y la obligación que tenemos de vender todo lo comprado para no perder dinero. Si es el primer negocio de comercio electrónico sugiero comenzar por algo con un riesgo menor y más sencillo de controlar.

Otra excepción es en la que el proveedor nos permite la devolución de la mercancía no vendida. Como podemos entender el proveedor tampoco quiere perder dinero, y según el riesgo que asuma con esta condición pueden endurecerse nuestras condiciones de compra para futuros pedidos. Esto tiene más que ver con los apartados siguientes de los modelos de compra de la mercancía.

3.1.1   Mercancía comprada en firme

Se trata del caso más habitual. Sea de lo que sea una tienda, como un supermercado o una tienda de ropa, toda la mercancía a la venta ha sido comprada en firme por el vendedor, es decir, que tiene que pagarla de forma íntegra. Si estás empezando cuenta con que el proveedor además te va a exigir el pago por adelantado o el pago al contado y no te va a financiar la venta de la mercancía.

Normalmente la compra en firme supone que no hay posibilidad de devolver la mercancía, y por tanto no recuperaremos el dinero salvo que lo vendamos en nuestra tienda.

3.1.2   Mercancía en depósito

Tener la mercancía en depósito es el sistema por el cual el proveedor nos "deja" el producto y no tenemos que pagarlo hasta que lo vendamos, y si no lo vendemos lo podemos devolver. No es habitual, y de hecho es un sistema que en la mayoría de los casos en los que se aplica es por la presión que grandes redes de venta hacen sobre sus proveedores (y siempre de productos no perecederos o poco estacionales).

3.1.3   Sin stock / Dropshipping

Hay una tercera vía en cuanto a la gestión del stock, y se trata de no tener stock. Lo podemos hacer de dos formas. La primera indicando al cliente antes de que compre que el producto tardará en llegarle porque tenemos que pedirlo, personalizarlo o fabricarlo (si se trata de productos artesanales con un tiempo de fabricación breve por ejemplo).

Vender sin stock de esta forma, retrasando el envío, puede ocasionarnos una pérdida de clientes, sobre todo si nuestra competencia dispone del producto y no hace esperar al cliente. Lo que sí es cierto que con la excusa de la personalización o fabricación a medida (estamos vendiendo exclusividad) podemos contrarrestar ese efecto y evitamos acumular productos que no sabemos si venderemos ahorrando en costes de almacenamiento. Si el producto lo pedimos al proveedor cuando nos los compre el cliente tendremos que tener en cuenta que los gastos de transporte no se diluyen entre un gran volumen de mercancía, con lo que los márgenes y el precio del transporte que paga el cliente deben ser suficientes para asumir este sobre coste.

La segunda forma y más habitual de vender sin stock es el llamado *dropshipping* que como he mencionado en otro apartado anterior quiere decir que es el fabricante o proveedor el que envía el producto directamente a nuestro cliente. Además de los agregadores de vendedores del sector de la alimentación lo utilizan las tiendas online de venta de productos eróticos. La necesaria discreción que requiere este tipo de productos para que el vecindario no se entere de quién compra este tipo de cosas facilita el envío por parte del mayorista directamente al cliente ya que los paquete deben ser completamente impersonales y con un remite completamente carente de marca.

El *dropshipping* puede ser una buena forma de comenzar a vender determinados productos que no tenemos claro cómo van a ser aceptados en el comercio online, o cuando nuestra base de clientes o nuestra capacidad de llegada a los mismos es baja. No comprometemos recursos económicos en la compra del producto ni en el almacenamiento, etc. Los proveedores no suelen ofrecer este sistema de venta, pero no tengas ningún reparo en ofrecérselo tú a ellos. Puede que estén interesados en hacerlo y eso puede suponer una ventaja para ti al reducir tus necesidades financieras.

3.1.4   Almacén, propio o externo

En cuanto a la gestión física de los productos almacenados debemos tener en cuenta al menos los siguientes elementos:

- tamaño.
- peso.

- tipo de paquete de proveedor (agrupado, individual, sensibilidad al deterioro).
- manipulación necesaria para hacer los paquetes de envío.

Si tenemos externalizado el servicio de gestión de almacenamiento y preparación de paquetes (suelen ir juntos estos servicios), nuestra preocupación debe ser que el proveedor pueda asumir en sus procesos de trabajo nuestras características de producto de forma eficiente.

Si vendemos productos pequeños y frágiles, una gestión de almacenamiento en altura a base de palés que han de ser manipulados con toros mecánicos no es nada práctica. Nosotros nunca lo haríamos así y por tanto nuestro proveedor será completamente ineficiente si esa es su manera de hacerlo. Si nuestros productos son grandes, están bien empaquetados por el proveedor, y tal cual los hemos recibido es como hay que enviarlos, casi cualquier operador logístico va a ser capaz de hacer la gestión de manera eficiente.

Si nuestro modelo de venta implica una personalización en la confección del paquete a enviar, debemos asegurarnos que el manipulado y la personalización de envíos entra dentro de las actividades de nuestro operador logístico.

Cuando el almacén es propio, y por tanto la responsabilidad de la preparación de los envíos es nuestra, no tendremos problemas con la parte del manipulado y personalización más allá de aprender de nuestros propios procesos.

Almacén propio o externo es una decisión basada en costes si obviamos la parte de la capacidad del operador logístico en cuanto a la personalización de los envíos. Si nuestros paquetes son tan personales que no podemos delegar este proceso no hay ninguna duda al respecto. Aunque en realidad hay una, ¿por qué no podemos proponer a nuestro operador que se encargue del almacenamiento y que nuestro personal en el propio operador sea el que se encargue de preparar los paquetes de los envíos? Este será un caso muy particular en el que no me voy a extender porque no se trata del caso más habitual.

Mi recomendación es que si necesitamos personalizar los paquetes para su envío, antes de delegar en terceros, experimentes tú mismo las dificultades de dicha personalización para mejorar los procesos, y una vez que ya lo tengas estandarizado te puedes plantear la externalización. Piensa que un operador logístico tiende a mecanizar todos los procesos de manipulado, incluso los de personalización, y que por tanto la variabilidad del manipulado debe estar dentro de unos parámetros conocidos para una correcta gestión y control de costes. Si el operador no puede preveer determinados costes, puede aceptar el trabajo pero con un sobre coste que no te compense o que lastre tus beneficios de manera innecesaria.

No existen reglas para decidir si el almacén debe ser propio o externo. Debes echar las cuentas para ambos casos en distintos escenarios de volumen de ventas, y ver qué compensa en cada caso desde un punto de vista de costes. Calcula bien los costes, no sólo los directos originados por los propios procesos de manipulado y gestión, sino también los indirectos como podría ser una supervisión adicional o revisión (recursos humanos).

Lo que sí es cierto es que con un operador logístico externo los costes fijos suelen ser menores y casi todo serán costes variables, mientras que con un almacén propio tendremos unos costes fijos muy elevados desde el principio aunque vendamos poco y los costes variables serán menores. Lo mejor es hacer los cálculos económicos en ambos escenarios y comparar los números. Tampoco tengas ningún reparo en pasar de un modelo a otro según la evolución de tu tienda online.

En este apartado merecen mención aparte las tiendas online que disponen de tienda física. Si la tienda física fue antes que la tienda online es bastante evidente que el almacén será común y que los costes fijos que aplicaríamos a la tienda online no los tenemos ya que estarán soportados en su mayoría por la tienda física.

En casos en los que la tienda física es posterior a la tienda online (algo cada vez más frecuente y que lo será cada vez más), y la gestión de almacén y envíos está externalizada, ya no está tan claro qué es lo mejor. ¿Se cambia el sistema y se pasa a gestión propia? ¿se mantiene la gestión externa y se duplica parte del stock? No hay una respuesta única, y dependerá de la rotación del stock, del tiempo de respuesta de los proveedores, o incluso de los márgenes de los productos para asumir sobrecostes de un sistema respecto a otro. Hay ocasiones en que no es una cuestión de ahorro de costes sino de ahorro de quebraderos de cabeza.

3.2   Envíos

La política de precios de los envíos determina en muchas ocasiones la diferencia entre cerrar una venta o no hacerlo. Hay muchas simulaciones de compra cuyo único objetivo es averiguar los costes del envío. Es una pena perder una venta por tener una política de precios en los envíos que no agrada al cliente.

Hay una cuestión objetiva: el transporte tiene un coste y el cliente debe saberlo. Eso es independiente de lo que le cobremos al cliente por el transporte y cómo se lo cobremos. Hay quien ha decidido que su valor diferencia con respecto a la competencia es la reducción de los gastos de envío hasta incluso hacerlos gratuitos. Si este es tu caso tendrás que asumir esos costes dentro del margen del producto así que mucho cuidado al hacer los cálculos de esos márgenes. Personalmente me parece que esos océanos rojos llenos de tiburones no son los más adecuados para comenzar una tienda online sin apoyo financiero importante.

No quiero desviarme del tema así que me centraré de nuevo en cómo poner nuestra política de precios de envíos. Hay algunas pautas que siempre debemos cumplir:

- informa al usuario claramente de cuál es tu política de precios de envío, y hazlo de manera general antes de que compre y mientras está comprando para que no le sorprenda negativamente el precio del envío, sea cual sea.
- las aplicaciones para crear tiendas online cuentan cada vez más con todo tipo de variantes y opciones que nos podamos imaginar para establecer una reglas de precios en los envíos, así que aprovéchalas haciendo que el cliente pague sólo lo que debe pagar por su envío pero que no pague de más.
- si subvencionas los gastos de envío en parte o totalmente házselo saber al cliente, aprovéchalo como herramienta de marketing.
- no descartes el envío a determinadas zonas geográficas por los costes que supone: si lo paga el cliente a ti te da igual si es mucho o poco. Corrijo, no te da igual, prefieres vender a no vender. Deja que el cliente decida si el coste

del envío es demasiado elevado para enviarlo a dónde él quiere, no autolimites las zonas geográficas de envío de tu tienda online por los costes asociados.

La política de precios de envío que más me gusta es la que tiene una tarifa fija para cada zona geográfica amplia de forma que el cliente lo puede saber de antemano y no llevarse sorpresas. Además, si puedes subvencionar parcialmente ese coste (contra el margen de tus productos) mejor, pues la percepción del cliente de que haces todo lo posible por economizarle gastos hará que se sienta más favorable a comprar en tu tienda.

La política de precios de transporte no tiene por qué coincidir con la política de precios que aplica nuestro operador de transporte. Por ejemplo la agencia de transporte puede cobrar un plus por kilometraje a determinadas zonas alejadas de las grandes urbes, pero tu tienda no tiene por qué aplicar dicho suplemento al cliente. De cara al cliente simplifica tus tarifas. Ese suplemento podrás absorberlo sin dificultad en el margen del precio de los productos.

La política de gastos de envío gratuitos, por ejemplo para la Península en negocios españoles, cada vez se extiende más, pero hay que ser realistas y no todos los tipos de productos tienen un margen que lo permitan.

Si la tienda online opera desde España, una buena política es un precio lo más bajo posible y parcialmente subvencionado para la España peninsular, y para Ceuta, Melilla, Baleares y Canarias, las tarifas completas menos el mismo importe que el de la subvención para la Península.

Lo que debemos evitar a toda costa es tener tarifas de transporte por encima de la media de las tiendas online, porque se generará una imagen de que la tienda no es competitiva o que quiere aprovecharse del cliente.

Tu mejor aliado para conseguir unas tarifas razonables de transporte para tu tienda online son otras tiendas online. No dudes en pedir recomendación a colegas del sector e incluso que te presenten a sus agencias de transporte.

Otra cuestión relativa a los envíos es el plazo de entrega. La tendencia es a reducir al máximo los plazos de entrega, pero esto es una cuestión que puede variar mucho en función del sector y del producto. Normalmente una entrega hasta en 72h se considera razonablemente normal pero los grandes jugadores ya están trabajando sobre plazos de entrega instantáneos para mercados locales.

A continuación una contribución al respecto de ikiOra, el portal español de compras con entrega inmediata.

ikiOra, compra online y recibe ahora.

El ecommerce tiene muchas ventajas y algunos inconvenientes. Según las estadísticas una de las grandes áreas de mejora es el intervalo de tiempo que hay entre la compra y la recepción del pedido por parte del usuario. Los grandes lo saben. Amazon está obsesionado con el same-day-delivery, mientras que Google pretende incluso anticiparse a los deseos del usuario.

En ikiOra (ikiora.es) vamos más allá (de hecho nuestro nombre proviene de "Aquí y Ahora"). Somos el marketplace hiperlocal que te permite comprar online y recibir en 1 hora. Evidentemente no podemos ir contra las leyes de la física... pero sí podemos aliarnos con ellas. Si un producto está en una tienda de Vigo, difícilmente llegará a una casa de Madrid en menos de 1 hora… Así que hemos decidido ofrecer los productos que se encuentran en las tiendas de la ciudad desde la que está comprando el usuario y entregárselos a través de nuestros mensajeros directamente desde la tienda a su casa en menos de 1 hora.

¿Cómo lo hacemos?

Seleccionamos a los mejores comercios locales que nos pagan una comisión de venta. Subimos sus artículos a nuestro catálogo donde nuestros clientes compran al mismo pvp que en la tienda. Tan sólo deben asumir el extra coste del mensajero (habitualmente de 5€). Entregamos directamente desde las tiendas. Y contamos con una herramienta informática capaz de informar en tiempo real a todas las partes implicadas

En pocas palabras… "Digitalizamos los productos locales, los conectamos con los consumidores locales y entregamos casi instantáneamente generándoles una Experiencia de Usuario extraordinaria".

Consecuencias.

Acortar los tiempos de espera en la entrega es muy favorable tanto para el usuario como para el detallista. Repercute positivamente en la rotación de ventas por varias razones:

- *nuestro modelo resuelve la eterna cuestión de "la última milla", ofreciendo un 99% de entregas exitosas, evitando las entregas fallidas y el posterior viaje del usuario a la agencia de transporte para recoger el paquete. De manera que el usuario sabe que va a recibir cuando lo quiere recibir.*

- *la disponibilidad inmediata genera compra por impulso, lo que significa extraventa.*
- *la entrega inmediata permite distribuir/vender vía online categorías de productos que hasta el momento no era posible con el procedimiento habitual (por ejemplo productos delicados, perecederos…)*

Lo mejor de resolver correctamente el problema de la "última milla", además de evitar las entregas fallidas (para evitar malas experiencias y sobrecostes logísticos), es generar un círculo virtuoso beneficioso para todas las partes implicadas en el proceso.

Una experiencia de usuario excelente, te induce a la repetición y a la viralización con tu círculo relacional. De modo que fidelizas a tu cliente y consigues más clientes procedentes de su círculo personal. Aún más, incrementas tus ventas y el número de usuarios, con un coste de adquisición (CAC) inferior y período de permanencia y valor del usuario (LTV) previsiblemente superior.

Servicio de entrega a la carta.

El modelo quedaba limitado al número de tiendas y productos subidos a ikiOra. Y periódicamente nuestros usuarios nos pedían incorporar más tiendas. Incluso nos preguntaban si era posible comprar a través de ikiOra en tiendas que no estuvieran en nuestro marketplace. Por eso decidimos incluir una nueva funcionalidad de "servicio a la carta" que permite al usuario pedir cualquier cosa de cualquier tienda de la ciudad.

Actualmente estamos operando en Madrid y ya estamos dando los pasos adecuados para extender nuestra actividad a otras ciudades. ¿Y si dentro de un futuro cercano la "entrega instantánea" fuera una obligación para tener éxito en el comercio online?

3.3   Devoluciones

La devolución de una compra online se denomina formalmente derecho de desistimiento del cliente. La política de devoluciones suele venir marcada por la legislación. La transposición a España de la última normativa europea indica que el plazo de devolución de una compra online será de 14 días naturales desde la fecha de la entrega en el domicilio del cliente, suponiendo esto un aumento desde los 7 días hábiles que eran obligatorios hasta ese momento.

Así que para las tiendas que venden productos nuevos el plazo mínimo en el que el cliente puede devolver lo comprado es de 14 días. Los costes de la devolución no tiene que asumirlos la tienda, de hecho lo normal es que el cliente se encargue de hacer el envío de la devolución a la dirección donde indique la tienda asumiendo los costes correspondientes. Otra posibilidad es que la tienda se encargue de todo, enviando un mensajero a recoger el producto que el cliente quiere devolver. La tienda online debe devolver el importe íntegro de lo pagado por el cliente sin retener ningún gasto (ni siquiera los costes de transporte del pedido inicial).

Hay una serie de excepciones al derecho de desistimiento o devolución como es el caso de los productos que se pueden estropear, servicios que ya se estén prestando, etc. Estas cuestiones entran más en el terreno de la legislación por lo que no me entretendré más aquí.

Como cierre al apartado de logística que tiene muchos aspectos diferentes a considerar, no tenemos por qué plantearnos un único modelo para nuestro negocio. Podemos hacer una gestión en la que según qué productos o qué condiciones de venta aplicamos unas u otras formas de hacer las cosas. También con el tiempo y la evolución de las ventas el modelo cambia y para mejorar los costes cambiemos de sistema de gestión.

4. Conceptos en comercio electrónico

Hasta ahora he tratado cuestiones generales sobre tipologías de comercio electrónico y cuestiones operativas de una tienda online que bien podrían ser aplicables a cualquier tipo de tienda. Ahora, y antes de entrar de lleno en temas vinculados estrechamente y de forma más específica a una tienda online voy a comenzar por definir los conceptos que debemos tener claros para no confundirnos en adelante cuando hablemos de ellos.

4.1   SKU

El nombre de SKU viene de las siglas en inglés *"Stock-keeping unit"* y corresponde con el número de referencia del producto. Todo item facturable debe tener su número de referencia o SKU o identificador único.

Los criterios para asignar los códigos de referencia o SKU son los que uno quiera utilizar, no existe ninguna regulación al respecto ni una estandarización que debamos seguir por cuestiones de compatibilidad (no así un fabricante).

Algunas cuestiones a la hora de fijar nuestros criterios para asignar SKU pueden ser:

- el SKU suele hacer referencia a la unidad mínima de producto vendible aunque puede hacer referencia a la unidad de producto que se venda de forma agrupada.
- atributos o propiedades de los productos como talla o color pueden considerarse atributos que definen diferentes SKU o considerar un único SKU para todas las variantes.

Las opciones de SKU con respecto a las variaciones de un producto es una cuestión de organización interna. En caso de duda es preferible que cada variante de producto tenga su propio SKU si las variantes son suficientemente significativas. Al final la decisión viene dada por si queremos disponer de estadísticas de productos vendidos en función de esos atributos o no. Si queremos saber las tallas, colores o cualquier atributo diferenciador de nuestras ventas de producto tendremos que tener SKU diferentes.

El SKU puede estar formado por letras y números a nuestro gusto. Si el SKU está formado sólo por números será más sencilla una ordenación de los mismos y su conversión a un código de barras que permita automatizar determinadas tareas de gestión de los productos.

Una recomendación personal para construir nuestros SKU es incluir en ellos el proveedor o fabricante del producto mediante letras o números. De esta forma, si tenemos un mismo producto de dos proveedores diferentes, los SKU se diferenciarán solamente en la parte que corresponde al proveedor pero no en la que corresponde con la identificación de producto.

En ocasiones incluso el SKU lleva incorporado una parte que identifica la categoría a la que corresponden el producto en la tienda online. Esto nos puede permitir comparar las ventas de un mismo producto según la categoría origen de la venta cuando un producto esté duplicado para situarlo en dos categorías diferentes, o incluso, en dos tiendas diferentes que gestionemos nosotros mismos.

A la hora de poner el SKU no hay que quebrarse mucho la cabeza. Hay tiendas que venden decenas de miles de productos al mes y la identificación de sus productos es un simple número correlativo. La clave está en poder relacionar después ese número con cualquier otro parámetro que nos sirva para obtener información sobre nuestras ventas.

En este apartado hay que hacer referencia al número EAN. Su nombre proviene de las siglas "European Article Number" aunque hoy en día se considera como "International Article Number". Se trata de un número de 13 dígitos que se suele representar como un código de barras. Es un código estándar internacional que identifica al país de origen del código y a la empresa fabricante unido al código de producto.

4.2   Peso volumétrico

El peso volumétrico es una fórmula para calcular un valor que se considera como peso a efectos de las tablas de precios de las empresas de transporte. Los tarifas de transporte se basan en distancia y peso, pero este peso puede ser el peso real del paquete o el peso volumétrico. Normalmente se considera el peso real para paquetes pequeños y el peso volumétrico para paquetes "grandes", con la salvedad de que como norma general se considera el mayor de los dos.

El peso volumétrico se calcula multiplicando el ancho, largo y alto del paquete medido en centímetros.

4.3   Gastos de envío

Vuelvo a mencionar aquí los gastos de envío para dejar claro que en adelante cualquier referencia a ellos significará gastos de envío que se le cobran al cliente, no los costes reales de envío para la tienda.

4.4   Stock

El número de unidades de producto que tenemos a nuestra disposición para ser enviados de forma inmediata al cliente, independientemente de si es producto comprado, en depósito, etc. De forma general también puede significar el volumen total en valor económico de todos los productos que tenemos a nuestra disposición.

4.5   Tique medio

Es el valor medio de las compras realizadas por el cliente. Según el caso se incluyen los gastos de envío o no. En general podemos no incluirlos si el cliente paga el total de los gastos de envío y no afecta a nuestro margen, salvo cuando hablamos del tique medio en relación con las pasarelas de pago, en cuyo caso es necesario considerar el importe total pagado por el cliente, y por tanto incluyen los gastos de envío.

Personalmente prefiero considerar como tique medio todo el importe pagado por el cliente para simplificar los cálculos posteriores. Ten en cuenta que si le preguntas al cliente cuánto le ha costado su compra no va a restar los gastos de envío, y por tanto estos gastos forman parte indivisible de la compra y así los debemos considerar.

4.6   Checkout

Se denomina "checkout" al proceso de finalización de compra desde el momento en que el cliente ha añadido un producto a su cesta de la compra hasta que realiza el pago. Es el "paso por caja" de las tiendas físicas.

4.7   CAC: coste de adquisición de cliente

El coste de adquisición de cliente es lo que nos cuesta atraer a un usuario nuevo a nuestra tienda online y que compre al menos una vez. Es un valor muy útil para comparar con lo que ganamos por cada cliente. Si nuestro CAC es menor de lo que ganamos (bruto) con cada cliente las cosas van por buen camino. No significa que tengamos beneficios porque aún no hemos tenido en cuenta los costes fijos por ejemplo, pero es el primer indicador de que el negocio parece funcionar.

El CAC se calcula como la división entre el coste de marketing total durante un mes y el número total de nuevos clientes del mes.

4.8   Tasa de repetición de cliente

Se trata del valor de repetición de compra por parte de un cliente. Es muy importante, ya que si un cliente repite, cambia el valor del beneficio bruto por cliente y por tanto modifica la relación con respecto al coste de adquisición. La tasa de repetición de cliente puede llegar a significar la diferencia entre una tienda de éxito y una tienda condenada al fracaso. No siempre es así puesto que cada tipo de producto tiene una facilidad o dificultad diferente de que el cliente repita, al igual que pasa con el tiempo de vida del cliente.

La probabilidad de repetición del cliente es:

Nº de clientes repetidores / Nº de clientes totales.

La tasa de repetición se debe calcular conforme a un tiempo determinado, normalmente un año. La fórmula es algo más compleja que la indicada arriba porque debemos tener en cuenta la probabilidad de repetición de un cliente mes a mes, y sumarla hasta completar el año.

Para hacer un cálculo correcto debemos tomar los clientes nuevos de un mes, y ver el porcentaje de repetición en los meses siguientes, y extrapolar la progresión si es posible hasta completar un año entero. Sumando los porcentajes de repetición de todo el año obtenemos la tasa de repetición.

Para no despistarte el valor lo daremos en nº de veces que un cliente comprará de media en nuestra tienda online a lo largo del año, por tanto será 1 (si no repite) o superior (si repite).

Podéis encontrar una magnífica referencia online al respecto en el blog del emprendedor e inversor François Derbaix. Dicha referencia la tenéis citada la sección de recursos al final del manual.

En este apartado es muy importante tener en cuenta si tu producto es de compra recurrente o de compra puntual. Si sólo vendes lavadoras, ya sabes que la tasa de repetición de un cliente va a ser nula, pero si vendes cartuchos para impresora es probable que el cliente repita si ha quedado satisfecho con la compra.

La fidelización del cliente (que un cliente vuelva a comprar en nuestra tienda cuando el producto así lo permite) es fundamental para que la tienda online crezca. Si todos nuestros clientes compran sólo una vez y no vuelven nunca más, tendremos un problema de captación de nuevos clientes, ya que cada vez será más difícil llegar a nuevo público. Cuanto mayor sea la fidelización del cliente, es decir, cuanto mayor sea la tasa de repetición de nuestros clientes mayor crecimiento tendrá nuestra tienda online y podremos asumir unos mayores costes de adquisición de cliente si es necesario.

4.9   Valor del cliente (LTV o life time value)

Una vez que sabemos lo que nos cuesta captar un cliente y las veces que repite a lo largo del tiempo podemos saber cuál es el valor de ese cliente mientras es cliente nuestro, que es lo mismo que decir cuánto dinero nos va a hacer ganar cada cliente. Esta es la fórmula simplificada al máximo:

LTV = (margen bruto por venta x recurrencia) - CAC

Ahora bien, podemos introducir otras variables en la fórmula, correspondientes al coste de fidelización del cliente. Un ejemplo sencillo es si tenemos un plan de bonificaciones por compras realizadas o descuentos.

El LTV es un valor a lo largo de un tiempo, por lo que en fórmulas más precisas es necesario tener en cuenta un tiempo determinado y minorar el valor resultante con una tasa de descuento por inflación o devaluación del precio del dinero, aunque para períodos cortos no es necesario incluirlo ya que la variación es pequeña y hay que tener en cuenta que estamos haciendo cálculos de estimaciones de valores medios.

Lo importante es que estos cálculos nos den resultados positivos y que actuemos sobre los distintos parámetros fundamentales de la fórmula para mejorar el resultado final. Por tanto, estos valores (CAC, tasa de repetición y LTV) debemos calcularlos para mejorarlos y comparar su evolución en el tiempo.

5. Formas de pago

Como norma general cuantas más formas de pago ofreces en tu tienda online más probabilidad de que el usuario finalice su compra y tendrás menor tasa de carros abandonados. Ahora bien, como siempre, demasiadas opciones distraen al usuario y tampoco es buena idea. ¿Cuáles son los medios de pago imprescindibles? No existe casi nada imprescindible, pero sí altamente recomendable. Los medios de pago mínimos que recomiendo para comenzar y que no suponen ningún esfuerzo para poder ofrecerlos son:

- Paypal: el sistema de pago más universal en el que utilizamos una cuenta propia del servicio para realizar los pagos, rápida y cómodamente sin necesidad de indicar nuestros datos bancarios ni de tarjeta en los comercios donde pagamos. Paypal se encarga de cobrarnos a nosotros y de pagar a la tienda.

- Tarjetas bancarias: el servicio de pago mediante tarjeta bancaria lo podemos tener a través del propio Paypal, con nuestro banco habitual o mediante una empresa de las que ofrecen servicios de medios de pago como Pagantis. Veremos que de las tres opciones las empresas intermediarias son una solución muy atractiva, más rápido de implementar con mejor soporte al cliente si nos surgen incidencias.
- Transferencia bancaria.

Hay tiendas de éxito que no admiten pagos por transferencia bancaria o no admiten pagos a través de Paypal. Creo que es importante tener ambos para no desanimar a una gran parte de compradores potenciales, pero como siempre, el tipo de producto y precio que tengamos en nuestra tienda online puede condicionar las ventajas de ofrecer o no estos medios de pago. Vamos a verlos todos detenidamente.

5.1 TPVV (Terminal de Punto de Venta Virtual)

Los TPV son los *datáfonos* que se utilizan para pagar con tarjetas bancarias en cualquier establecimiento. Los TPVV son el equivalente virtual para el comercio electrónico. Están vinculados a una entidad de pago concreta y las cuotas fijas y comisiones por operación son negociables con cada entidad (y a veces con cada sucursal bancaria, aunque con el panorama bancario actual suele ser la central del banco la que toma las decisiones e impone las condiciones). No es extraño que para empresas nuevas los bancos soliciten avales o consignación de fondos para permitir a las empresas el uso de su TPVV, así como análisis de riesgo como si estuvieran concediendo un crédito.

El motivo de estas duras condiciones es que lo que para nosotros es o puede ser nuestra principal fuente de ingresos con un un fraude anecdótico, para el banco es un negocio minoritario con poco beneficio y alto riesgo de fraude comparado con otros negocios. Sin embargo, durante campañas promocionales de captación de nuevos clientes estas condiciones se flexibilizan mucho.

Si tienes la fortuna de que el comercial de tu banco entiende tus necesidades de TPVV y el banco está dispuesto a concederte el TPVV, ten muy en cuenta los plazos de contratación en cuanto a las revisión de tarifas y comisiones. Es habitual disponer de muy buenas condiciones al inicio, que es cuando menos facturamos, y a los seis o doce meses se endurecen notablemente, echando al traste nuestros cálculos de rentabilidad del medio de pago.

Para que sirva de orientación, algunas cuestiones generales sobre TPVV:

- el tique medio es muy importante, ya que dependiendo de eso la comisión variable por operación cambiará.
- el volumen de operaciones al mes o trimestre son también un condicionante para tarifas y comisiones.
- los TPVV no sólo permiten los pagos convencionales con tarjeta bancaria como si se tratara de un comercio físico, también permiten pagos de suscripción periódica o pagos directos para clientes repetidores. Estas funcionalidades no están disponibles en todos los bancos, si necesitas algo más que el pago puntual con tarjeta bancaria te recomiendo que consultes las características y funcionalidades del TPVV de varios bancos.

En España el pago con tarjeta bancaria no es tan sencillo como pueda parecer, ya que de forma predeterminada la mayoría de los bancos no permiten el uso de las tarjetas para comercio electrónico si no es solicitado por el cliente, y muchos clientes desconocen este aspecto.

Por otro lado, al utilizar un TPVV hay una serie de consideraciones de seguridad que debemos tener en cuenta. Las entidades de cobro tienen la posibilidad de establecer determinados filtros de seguridad para evitar el fraude. Por ejemplo uno de ellos es el que impide utilizar tarjetas internacionales desde una ubicación diferente a la del país de emisión de la tarjeta, o limitar el uso de tarjetas bancarias emitidas en determinados países como por ejemplo Canadá imponiendo siempre la capa de seguridad 3D Secure (Visa o Mastercard).

Estas cuestiones de seguridad debemos consultarlas con el banco o entidad, ya que algunas se aplican de forma obligada y otras de forma optativa si lo solicitamos, y los cambios no suelen ser fáciles.

Llegados a este punto es conveniente indicar que los bancos no disponen de su propia tecnología para el cobro online, sino que utilizan la tecnología de otras empresas como Redsys (la más extendida entre los bancos españoles). Existen multitud de pasarelas de pago online, que son intermediarios en la gestión de pagos, y utilizan los servicios de uno o varios operadores diferentes.

5.1.1   3D Secure

Por su importancia para el comercio electrónico he creado un pequeño apartado independiente para explicar el sistema de seguridad en el pago con tarjetas bancarias asociadas a Visa o Mastercard, cuyo nombre es 3DSecure, Verified by Visa o MasterCard SecureCode respectivamente aunque se trata de lo mismo.

Para utilizar una tarjeta bancaria en un comercio electrónico la pasarela de pago (TPVV) del banco (o de otra entidad intermediaria como Paypal) solicita al cliente el tipo de tarjeta (Visa o Mastercard) el número de la tarjeta bancaria, la fecha de expiración y el código de control CVC (o CVV dependiendo de dónde lo veamos escrito) de tres cifras que se encuentra en el reverso de la tarjeta.

Cuando el TPVV de una tienda tiene activado el sistema 3DSecure, es necesaria una autenticación adicional por parte del usuario, y este autenticación sólo podrá efectuarse si el cliente tiene el sistema activado de forma expresa en su banco y para esa tarjeta. Esta autenticación adicional depende del banco del cliente y es el propio banco del cliente quien le solicita la identificación que en caso de ser positiva comunica a la pasarela de pago que puede continuar con el proceso de pago. El sistema 3DSecure tiene la opción de estar activado siempre, no estar activado, o sólo activado si el tipo de tarjeta lo requiere.

La identificación adicional 3DSecure es diferente según el banco del cliente y puede ser:

- un pin o contraseña especial para uso en comercio electrónico.

- un código de varios dígitos correspondiente a una coordenada de una tarjeta que el banco nos ha facilitado para usarla en este tipo de transacciones.
- un código que el banco nos envía al teléfono móvil por SMS, de un sólo uso y para el importe y transacción generada.

En la práctica, significa que las tiendas online con 3D Secure activado en la pasarela de pago pierde entre un 20% y un 40% de las transacciones por intentos de pago fallidos. No estoy exagerando, como mínimo perderemos el 20% de las ventas que los clientes intentan pagar mediante tarjeta bancaria. Estos datos están contrastados en el sector por las tiendas online con mucho volumen de movimiento y por los bancos (aunque nunca lo reconocerán).

La cuestión importante es si tu comercio electrónico necesita del 3DSecure o no. En la mayoría de las tiendas online no es necesario este sistema de seguridad porque no existe el repudio ni el fraude por el tipo de producto que venden. Lo más normal sería no aplicar el sistema de seguridad hasta que se vea una incidencia de repudios o intentos de fraude que recomiende su aplicación, salvo que se trate de sectores en los que ya está contrastado el nivel de intento de fraude existente.

5.1.2   American Express

La tarjeta bancaria *American Express* no está muy extendida en España, sin embargo he querido hacer mención aparte ya que para comercios internacionales (sobre todo dirigidos a público del continente americano, tanto de EEUU como de numerosos países de habla hispana) podemos encontrarnos con una demanda de uso de esta tarjeta. Los bancos españoles no admiten el pago con *American Express* ya que la autorización para aceptar su uso como comercio y las comisiones de uso las debe negociar cada comercio con la entidad emisora de las tarjetas, lo que hace poco práctico implementar su uso por parte de las tiendas aunque el procedimiento no es complejo. *American Express* es una empresa de EEUU que dispone de empresa filial en España.

5.2   Paypal

Paypal para España (Europa) es un banco de crédito que opera desde Luxemburgo de acuerdo a las leyes de aquél país. La matriz es una empresa estadounidense actualmente propiedad de eBay. El dinero que como usuarios tengamos en Paypal está protegido por las leyes de Luxemburgo.

Para el usuario o cliente, Paypal le ofrece la posibilidad de pagar una compra o transferir dinero a otra cuenta de Paypal sin necesidad de utilizar en cada transacción sus propios datos de cuenta bancaria o tarjeta. Los datos de tarjeta o cuenta los ha dado el usuario a Paypal y a partir de ese momento puede pagar a otros usuarios de cuentas de Paypal con su usuario y contraseña del servicio.

El usuario gana en comodidad, ya que puede comprar en cualquier momento sin necesidad de usar una tarjeta bancaria o tener que hacer transferencias que son incómodas y además tardan en ser efectivas. También gana en seguridad, ya que puede efectuar una devolución de un pago de una forma tan sencilla y rápida como un clic desde su cuenta de Paypal.

Como tienda, Paypal nos ofrece varias posibilidades:

- cobrar mediante pago de otro usuario de Paypal a nuestra propia cuenta de Paypal.
- cobrar mediante tarjetas bancarias a nuestra propia cuenta de Paypal.
- integrar Paypal como una pasarela de pago bancaria, como un TPVV más para pagos con tarjetas bancarias.

Paypal es uno de los sistemas de pago más extendidos y una gran cantidad de usuarios lo utilizan ya que no tiene coste para ellos. Paypal cobra una comisión al receptor del dinero. Las comisiones de Paypal para los pagos realizados de cuenta a cuenta y para los pagos realizados con tarjeta bancaria son iguales. En comparación con un TPVV bancario las comisiones son más elevadas pero como vendedores tiene algunas ventajas:

- no existen cuotas fijas salvo si realizamos una integración completa con el TPVV de Paypal, y aun en ese caso la cuota fija es igual o menor que la de un banco.
- una vez creada y validada la cuenta de Paypal, no tenemos mínimo de importe ni mínimo de transacciones (algo que sí existe con los TPVV bancarios).
- Paypal no exige garantías de ningún tipo, no solicita consignación de fondos, avales ni retiene importes parciales de los pagos recibidos (salvo excepciones de sospecha de fraude por parte del comercio).

Paypal también tiene algunas desventajas:

- comisiones más elevadas que un TPVV, sobre todo si tenemos un volumen importante de transacciones.
- el repudio de las operaciones es muy sencillo para el comprador y eso es una puerta para el fraude en algunos

comercios (solicitud de devolución del pago tras recibir el producto).

- en caso de que queramos devolver algún importe pagado con tarjeta bancaria, Paypal puede tardar hasta 30 días en hacer efectiva la devolución al cliente, con la consiguiente afectación en la imagen de la tienda.

5.3   Contra rembolso

El sistema de pago contra reembolso permite al cliente realizar el pago en efectivo en el momento de recibir la entrega del pedido. Este servicio es prestado tanto por Correos como por otras empresas de transporte que ofrecen servicios especializados para el comercio electrónico.

Para la tienda es un servicio que tiene un sobre coste importante, en forma de un pequeño porcentaje sobre el precio del pedido con un precio mínimo por cada envío. Esto hacer que la mayoría de las tiendas online añadan un recargo si el cliente solicita este sistema de pago.

A pesar de lo que pueda parecer es un medio de pago muy utilizado en España por un perfil de usuario que no es amigo de utilizar sus datos bancarios o de tarjeta en internet y prefieren pagar este sobre coste. En muchas tiendas online que eliminan los gastos de envío si el pedido llega a un mínimo determinado, también eliminan o reducen el sobrecargo por el contra reembolso, lo que hace que el cliente al final no tenga que pagar más.

Aceptar o no este medio de pago depende de muchos factores, desde el perfil de público al que nos dirigimos como el tipo de producto que vendemos. Es habitual que un porcentaje determinado de los pedidos a pagar contra reembolso no se lleguen a entregar por ausencia del destinatario o por rechazo del mismo de la compra realizada (está en todo su derecho de hacerlo). Esto causa unos costes para la tienda online que es importante tener en cuenta.

Lo mejor que podemos hacer es probar a ofrecerlo y hacer seguimiento de los casos de uso para ver si merece la pena mantenerlo o no. Recuerda que más opciones de pago para el cliente normalmente significa más ventas.

5.4 Otros opciones de pago

Si queremos conocer todos los servicios de pago online disponibles en Eapaña recomiendo visitar el sitio web Cobraronline.es donde podemos ver un listado de todas las posibilidades que existen clasificados por tipología: pasarelas online, cobro por cuenta bancaria, cobros recurrentes, dispositivos para cobrar físicamente con tarjetas, etc.

Los TPVV de los bancos y otras plataformas de servicios ofrecen pago con tarjeta en distintas modalidades que el pago instáneo y puntual. Con alguno de estos bancos y servicios se pueden realizar pre-autorizaciones de pago para clientes habituales o pago periódico de una suscripción contra la tarjeta bancaria.

Una de las empresas pioneras en el ofrecer servicios integrales para el comercio electrónico es Pagantis.com.

5.4.1 Pagantis

Se trata una Entidad de Pago inscrita en el Registro Oficial de Entidades del Banco de España, de hecho es la primera entidad española nativa digital autorizada por el Ministerio de Economía.

Pagantis ofrece una pasarela de pago online para el cobro mediante tarjetas bancarias (aunque en el futuro puede ofrecer otras formas de pago añadidas). Como comentaba anteriormente, este tipo de empresas tienen algunas ventajas sobre otros medios de aceptación de tarjetas bancarias:

- el alta en el servicio es rápida, sin esperas, sin análisis de riesgo ni peticiones de avales o garantías como hacen los bancos.

- comisiones menores que los bancos, y mucho menores que el servicio de Paypal de pago con tarjeta; sin cuotas de alta y sin cuotas de mantenimiento.

- soporte técnico para facilitar la integración con tu plataforma de comercio electrónico.

- multidispositivo: la interfaz de pago se adapta tanto a navegadores de pc como a tabletas y móviles.

- permite servicios adicionales como el pago recurrente el pago one clic para clientes habituales.

- no es necesario cambiar de banco (Pagantis está autorizada por el Banco de España).

- configuración flexible de reglas antifraude.

A continuación la ficha de esta empresa y una breve entrevista con su director general para explicar lo que es Pagantis.

5.4.2 TPV's móviles o lectores de tarjetas bancarias

Son dispositivos físicos que se conectan con una smartphone o tableta (Apple o Android) para convertirlos en TPV para el cobro con tarjeta en cualquier lugar. Al igual que en el pago con tarjeta bancaria online ya no dependemos de los bancos, en el mundo físico también se ha acabado el monopolio. Estos servicios tiene varias ventajas fundamentales con respecto a los TPV de los bancos:

- nos olvidamos de los tediosos trámites de los bancos, avales y garantías que suelen exigir.
- comisiones muy competitivas.
- coste del dispositivo físico de cobro mucho más económico que el aparato que ofrecen los bancos.

Este tipo de servicio lo están ofreciendo en España las empresas:

- iZettle: entidad de dinero electrónico que se encuentra bajo la supervisión de la Autoridad Sueca de Supervisión Financiera (Swedish Financial Supervisory Authority). Apoyada por el Banco Santander.

- SumUp: empresa matriz con sede en Reino Unido. La sede en España es una sucursal de la filial alemana. Apoyada por el Banco BBVA.

- SetPay: empresa gallega apoyada por el Banco Sabadell.

5.4.3   Pago instantáneo por cuenta bancaria

Es un servicio bastante interesante que lleva unos años en España y poco a poco va siendo más conocido. Se trata de un servicio para realizar pagos mediante transferencia bancaria en el momento. Este servicio está ofrecido en España por la empresa Trustly.com, supervisada por la autoridad sueca, y con presencia en siete países, y también por la alemana Sofort.com, líder en su país y con presencia en varios países europeos.

El funcionamiento es muy sencillo, el cliente debe disponer de banca online con posibilidad de hacer transferencias bancarias. Mediante este sistema de pago, la plataforma ofrece la lista de bancos disponibles al cliente, que elije el suyo, y a continuación se identifica con sus credenciales del propio banco aceptando la generación de la orden de transferencia a la tienda online. La plataforma no conserva ningún dato privado del cliente, solamente es un intermediario que facilita la operación de manera rápida y conectando el pago en el momento con la tienda online.

6. Gestión de precios

La gestión de precios es una cuestión que no es tan sencilla como pudiera parecer en un principio. Debemos tener muy claros los costes de nuestra tienda online, tanto los costes fijos como los costes variables por cada producto vendido y por cada pedido realizado.

Tenemos que diferenciar entre costes fijos y costes variables. Los costes fijos son el coste fijo del almacén o de los recursos humanos. Los costes variables son aquellos que derivan directamente del producto que tenemos a la venta y del proceso de venta. Es decir, los costes variables son los que aumentan o disminuyen de forma directamente proporcional a la cantidad de productos y ventas que realizamos.

A la hora de calcular el precio de venta podemos "repartir" entre los productos los costes fijos o no hacerlo partiendo de una estimación de ventas inicial y corrigiendo esta información con el tiempo según vayamos realizando ventas. Si hacemos esto, estaremos "variabilizando" nuestros costes fijos en función de las ventas. No es algo sencillo, en primer lugar porque al principio no sabemos lo que venderemos, y en segundo lugar porque deberíamos reducir los precios al mismo ritmo que aumentamos las ventas cuando no aumentan los costes fijos, pero esto sería una locura y no podemos modificar los precios continuamente.

Personalmente me gusta forzar al máximo la consideración como variables de todos los costes, teniendo unos costes máximos por producto o venta. Según aumenten las ventas el coste fijo variabilizado por cada producto o pedido es menor del máximo estimado, pero eso no es un problema. Ahora bien, con esta práctica debemos separar muy bien lo que es la política de fijación de precios del cálculo de rentabilidad de los pedidos, ya que en la rentabilidad debemos tener en cuenta los costes fijos reales de toda la tienda independientemente de si vendemos menos o más de lo estimado.

Muchas tiendas sólo utilizan el coste de producto como único coste a tener en cuenta para poner el PVP, y consideran todo los demás, sea variable o fijo como costes que se deben asumir con los beneficios de las ventas realizadas. Si optamos por la atribución de costes variables al producto para la política de fijación de precios, podemos tener en cuenta los siguientes:

- el transporte de los pedidos desde el proveedor.
- el producto.
- el manipulado para su almacenamiento.
- el almacenamiento del producto por unidad de referencia si tenemos el almacén externalizado y nos facturan por referencias.
- el manipulado para la preparación de los pedidos.
- el embalaje de los pedidos.
- el transporte de los pedidos.
- coste de adquisición de cliente.
- descuentos y promociones
- programas de fidelización

La siguiente pregunta que hay que hacerse es cuál de las dos prácticas es mejor. En realidad depende del sector y del producto. Si tenemos una tienda física que utilizaremos como almacén para la tienda online, ya tenemos los costes fijos de almacén cubiertos por ejemplo, y no tenemos por qué aplicar un coste de almacenamiento a la tienda online lo que mejorará significativamente los precios finales de los productos (o nuestro margen).

Es evidente que si no aplicamos ningún coste (variable o fijo) sobre los productos a la hora de ponerles el precio final el margen sobre el precio base ha de ser mayor para poder sufragar los gastos no aplicados. Esto nos lleva a la pregunta con trampa ¿cuál es el margen bruto en porcentaje del precio de tus productos? Ante todo esta respuesta debemos darla siempre sin incluir los impuestos (IVA), pero está claro que cambia sustancialmente si consideramos sólo el precio de origen del producto en el proveedor a si consideramos como precio origen del producto el coste del producto más todos los costes variables o variabilizados.

La consideración de los descuentos y promociones temporales así como los costes directos de programas de fidelización también es importante. Si ajustamos mucho el precio no tendremos margen para hacer promociones o descuentos, y eso puede ser un problema. Aunque no se trata de un coste como tal me gusta tenerlo en cuenta para que el precio del producto "aguante" un descuento. En este sentido también quiero mencionar los costes de los programas de afiliación, que aunque entran dentro del capítulo del coste de adquisición de cliente, tienen un coste (bien fijo o variable) asociado a cada producto vendido. Si no sabes lo que son los programas de afiliación los veremos en el apartado de marketing online.

Sea cual sea la forma en que nos sintamos más cómodos a la hora de fijar los precios de los productos lo importante es ser conscientes del margen bruto que obtendremos con su venta y de la cantidad de ventas que debemos hacer para cubrir los gastos totales de nuestra tienda.

Si competimos en el mercado con productos similares o iguales, no podemos perder de vista los precios de la competencia (sobre todo si tenemos intención de ser competitivos en precio).

6.1   Impuestos

El impuesto más importante y que tenemos que tener en cuenta es el IVA. Antes de seguir debo recomendar que consultes con un experto el régimen fiscal y tributario que debes aplicar en tu negocio online. La información de este manual es simplemente orientativa y no constituye asesoría de ningún tipo ni tiene validez legal.

Para poder aportar las líneas generales sobre la gestión del IVA en una tienda online me voy a referir siempre al caso típico de venta al por menor de productos nuevos desde y hacia España Peninsular.

La Agencia Tributaria (aeat.es) dispone de una guía en pdf (ver referencia en el apartado de recursos) para empresarios individuales y profesionales en relación con las actividades económicas, y esta guía le dedica quince páginas a aspectos relativos al IVA por lo que es complicado condensarlo todo en este manual, pero al menos intentaré transmitir las ideas más importantes. En el apartado de recursos dispones de un enlace a la web de la Agencia Tributaria donde enumera la normativa aplicable en relación al IVA así como un documento tabla completo con el tipo de IVA a aplicar a cada producto o servicio.

El tipo general de IVA está actualmente en el 21% y es el de aplicación a la mayoría de los productos de venta al público exceptuando algunos como las materias primas para la elaboración de alimentos, semillas, algunos servicios que llevan un 10%, o productos básicos de alimentación, libros y revistas que llevan un 4%.

En la tienda siempre debemos mostrar los precios con IVA incluido, o en su defecto indicar que los precios son sin IVA, pero sinceramente, dado que el cliente va a tener que pagar el iva es mucho mejor que no se lleve sorpresas sobre el importe real que debe pagar por los productos teniendo en cuenta que la costumbre del cliente es ver y comparar los precios con el IVA incluido.

Una excepción a la aplicación o desglose del IVA al consumidor final es el caso de los artículos usados, antigüedades y coleccionismo a los que no tenemos que aplicar el IVA. Sin embargo esto no significa que estemos libres del IVA. Tendremos que hacer declaraciones de IVA asumiendo contra nuestros beneficios el importe del IVA correspondiente sobre la diferencia de precio entre nuestro precio de compra y nuestro precio de venta. En la página de recursos están incluidos los enlaces a la información correspondiente de la Agencia Tributaria española.

Para las ventas realizadas a consumidor final de las Islas Canarias, Ceuta y Melilla, no tenemos que aplicar el IVA ya que es el consumidor el que tiene que pagar su impuesto correspondiente además de las tasas aduaneras como si estuviera realizando una importación.

Cuando vendemos al consumidor de otros países de la Unión Europea, facturaremos con el IVA propio hasta un máximo de facturación total, que según el país varía de 30.000 a 100.000 euros. En caso de superar esta cifra total debemos darnos de alta en el IVA de dicho país y aplicar el IVA de dicho país a las ventas realizadas allí, para ser liquidado ante la Hacienda correspondiente. En el documento de recursos está incluido un enlace a la información europea al respecto. En el apartado 12 sobre Internacionalización está incluida una colaboración en la que se vuelve a mencionar de manera específica la tributación en ventas internacionales.

Si vendes bienes a un cliente de fuera de la UE, no tienes que facturar el IVA.

Respecto al IVA una cosa más a tener en cuenta si nuestro proveedor tiene su sede en Ceuta, Melilla, Islas Canarias o un país de fuera de la Unión Europea, en cuyo caso nuestras compras son consideradas operaciones de importación: "Son todas las entradas definitivas o temporales de bienes o servicios, en el territorio peninsular o islas Baleares, procedentes de un país no considerado territorio comunitario de la Unión Europa (incluyendo Ceuta, Melilla y Canarias), con independencia de los fines a que se destinen y la condición del importador. La importación está gravada independientemente de la condición del importador, persona jurídica, empresario o particular. No aparece en la liquidación como IVA devengado porque se paga en aduana. Sin embargo, sí aparece en la liquidación como IVA soportado. "

6.2   Descuentos, rebajas y promociones generales

Dentro de la gestión de precios retomo este asunto de los descuentos, rebajas y promociones generales para entrar un poco más en detalle. Nuestros precios deberían ofrecernos un margen bruto de beneficio que nos permita realizar promociones y descuentos. Si no es así, además de perder una herramienta muy potente de marketing y competitividad, es más que probable que tengamos un problema con los márgenes finales de nuestro negocio y que éste no sea rentable.

Si tomamos como referencia un comercio físico, sabemos que las rebajas tienen descuentos de entre un 25% y un 75%. Estos descuentos no se aplican al azar sino que tienen un sentido muy claro. Los productos de más valor, y no me refiero a los más caros, sino a los que se venden mejor, los más nuevos, son los menos rebajados, y los productos que superan el 50% de descuento es muy probable que se estén vendiendo sin beneficio porque interesa deshacerse de ellos, rotar el stock, hacer hueco a nuevos productos, utilizarlos como gancho para atraer clientes, etc. Estoy generalizando, y dependiendo del sector los márgenes son diferentes.

En nuestro caso, los márgenes deben permitirnos hacer descuentos o promociones sin perder dinero. Esto de "perder dinero" es muy relativo, y depende de cómo hayamos calculado el coste total de nuestros productos, si les hemos sumado esos costes variables o variabilizados o no. De cara a las ofertas y descuentos una buena regla es que con el descuento incluído el precio que paga el cliente pague nuestro coste de adquisición del producto incluyendo los costes directos de entrada, y almacenaje, y por supuesto los costes de manipulado y embalaje. Esto es para mí no perder dinero con un descuento.

Pero no es lo mismo hacer una promoción para captar nuevos clientes que repitan y será entonces cuando gane dinero con ellos, que si hacemos un promoción para liquidar un stock que lleva demasiado tiempo sin venderse y no nos interesa tenerlo en catálogo, o bien nos interesa rotarlo por acuerdo de precios con el proveedor. Si nuestro objetivo es captar un cliente debemos tener muy clara la tasa de repetición para que nos compense vender sin ganar dinero en los pedidos, ya que los costes de estructura los tendremos igualmente.

En estos casos, ese descuento se puede aplicar como un coste de adquisición de cliente o un coste de fidelización y considerarlo como tal, como una partida de marketing más. Este punto de vista de los descuentos nos dará una mayor flexibilidad a la hora de hacer promociones y además hará que nos cuadren las cuentas si lo tenemos en cuenta como parte del CAC en el proceso de adquisición del cliente.

¿Qué tipo de promociones funcionan mejor? Normalmente los descuentos en porcentaje son más atractivos que los descuentos de un importe fijo que además está sujeto a un gasto mínimo. Si eres un consumidor habituado al uso de cupones descuento y tarjetas de fidelización de supermercados y centros comerciales por tu propia experiencia verás que son más habituales los descuentos porcentuales. Pero como siempre no hay ninguna norma establecida ni regla que funcione siempre igual de bien. Mi sugerencia es empezar probando los descuentos en porcentaje sobre la compra y ver la respuesta que obtenemos de los clientes.

7. Gestión de la tienda online

Con este apartado entramos en la parte más técnica de la gestión de una tienda online. Si ya tenemos claros los conceptos que tenemos que manejar desde el punto de vista de negocio, ahora queda una parte muy importante de una tienda online, todo lo que tiene que ver con la gestión técnica, marketing, comunicación, etc.

7.1   Carros de la compra ajax

¿Qué es eso de *ajax*? No me gusta utilizar nombre o conceptos técnicos cuando me dirijo a un público que no tiene por qué conocerlos, pero en este caso es necesario para entender bien el funcionamiento de un carro de la compra online. Como clientes, cuando seleccionamos un producto para comprar, lo añadimos a nuestro carro o cesta de la compra virtual. A partir de ese momento la web recuerda que hemos añadido un producto al carro y lo tenemos siempre presente durante nuestra navegación por la web, y podemos seguir comprando o añadiendo productos a nuestro carro. Para que la web recuerde los productos que hemos añadido a nuestro carro puede utilizar varios sistemas de seguimiento en los que no entraré porque no nos interesa cómo lo hace sino que la aplicación lo haga bien.

Pues bien, tradicionalmente al añadir un producto a nuestro carro de la compra como clientes, la página web en la que nos encontramos se recargaba para ejecutar esta acción. Actualmente ya no es así y prácticamente todas las aplicaciones de tienda online añaden al carro los productos sin movernos de la página en la que nos encontramos. Esta acción muchas veces se visualiza con un mensaje informativo de la tienda online, o vemos como "vuela" el producto hasta una esquina de la web donde se encuentra el carro de la compra que se actualiza al instante. Este sistema de añadir productos al carro sin necesidad de recargar la página ni marcharse a la página del carro de la compra es un carro de tipo *ajax*.

Es importante saber qué es esto, para tenerlo en cuenta cuando seleccionemos una aplicación o la configuremos. En general este sistema que evita la recarga de la página web se considera un rasgo de usabilidad web. Este es el primer paso para que un cliente compre en nuestra tienda online por lo que debemos prestar atención a este proceso porque no hay nada más desconcertante para un cliente que no saber si el producto que acaba de pulsar "Comprar ahora" o "Añadir al carro" efectivamente se ha añadido a su carro de la compra o no. Y si pulsa dos veces para asegurarse lo normal es que se le duplique el producto en su carro, lo cual tampoco es bueno.

El cliente debe sentirse seguro en todo momento, entender lo que está pasando en el proceso de compra. Si generamos desconfianza en este primer paso nos costará convencer al cliente para que termine su compra.

La alternativa a los carros *ajax* es que al pulsar sobre el botón de "comprar" la tienda nos redirige a una pantalla donde podemos ver lo que tenemos en el carro y nos invita a terminar la compra. Podemos optar por la solución que más nos guste. Si nuestra tienda favorece la compra de varios productos por pedido, el carro *ajax* puede ser más recomendable. Si por las características de nuestra tienda los pedidos suelen llevar sólo un producto es buena idea pasar a la pantalla del carro de la compra e invitar a terminarla.

7.2   Compradores no registrados

Cada vez hay una mayor tendencia a permitir que usuarios no registrados en una tienda online puedan comprar. Imagina la siguiente situación:

-estás paseando por la calle y ves una tienda nueva y decides entrar. Después de mirar un poco quieres comprar un artículo de los que venden, lo coges y vas a la caja.
-buenos días, me llevo este macetero
-¿es usted un cliente nuevo?
-efectivamente, no había comprado antes
-necesito que me rellene esta ficha antes de poder comprar
-muy bien, ahora tiene que confirmar su ficha antes de poder comprar
-muy bien, ahora tiene que identificarse de nuevo antes de poder comprar...

Esto es lo que hacen en muchas tiendas online, primero te piden todos tus datos, después tienes que confirmar que tu correo electrónico es correcto y finalmente identificarte antes de poder comprar, o incluso antes de poder añadir algo al carro de la compra. ¿De verdad crees que esta es la mejor forma de vender? Esa es la mejor forma de perder clientes.

Por tanto, un usuario que llega por primera vez a tu tienda online tiene que poder comprar de forma inmediata. Es evidente que necesitas sus datos de contacto para enviarle la compra, pues se le piden en el proceso de compra, pero sin necesidad de que se haya registrado previamente, sino que al añadir sus datos de envío se genera su cuenta de usuario en nuestra tienda. Esto es lo que se suele llamar cuenta de invitado o comprar como invitado, o simplemente compra de usuario no registrado según la aplicación que estemos usando.

7.3   Proceso de Checkout

Se conoce como "checkout" al proceso de finalización de compra, cuando el usuario decide pagar para confirmar su pedido. Es un anglicismo que también se utiliza al terminar nuestra estancia en un hotel y no se suele traducir en las aplicaciones porque el uso del concepto se ha popularizado.

Hay dos formas principales de presentar un proceso de *checkout*: en varios pasos o en uno sólo. Lo mejor es disponer de un proceso de *checkout* lo más corto posible. Más pasos significa más clics de ratón, más tiempo, más dudas por parte del cliente, y todo afecta a la tasa de conversión final de nuestra tienda.

Un proceso de *checkout* en varios pasos que a me parece demasiado largo es el siguiente: identificación o registro → dirección de envío → forma de pago → revisar pedido → confirmación final (pago).

Un proceso por pasos adecuado puede ser: datos de envío (incluido selección de medio de pago) → revisar pedido → confirmación final (pago).

Sea cual sea el proceso de *checkout* que escojamos para nuestra tienda online sí hay una cosa que no debemos olvidar: informar al cliente de los pasos que tendrá que dar para finalizar la compra. Es decir, no debemos presentar al cliente "paso 1:" sin indicar si habrá dos, tres, cuatro o cinco pasos.

El proceso de pago debe ser tan sencillo como añadir productos al carro:

- páginas limpias, eliminando toda información que no tenga que ver con el proceso de finalización de la compra.
- Información o ayuda contextual, pero breve, clara y sencilla.
- proceso lo más corto posible (tanto si es en varios pasos como si es en una página única).
- información final de qué va a pasar una vez que se ha terminado la compra: aunque parezca evidente que a continuación vas a tramitar el pedido realizado, al cliente le gusta que le digas que has recibido su pedido correctamente y que recibirá una notificación por correo electrónico sobre el estado de su pedido.

7.4   Seguimiento de pedidos

El primer paso del seguimiento de pedidos se enlaza con el proceso de *checkout* anterior. Es importante informar por correo electrónico al cliente de la compra que acaba de realizar con al menos la siguiente información, que la mayoría de las aplicaciones de tienda online ya tienen en cuenta:

- número de pedido o código de identificación del mismo.
- productos comprados.
- precio final pagado por el cliente.
- medio de pago utilizado.
- dirección de envío del pedido.
- datos de contacto de la tienda por si hay alguna incidencia o el cliente tiene alguna duda que pueda consultarlo.

Llegados a este punto, ¿has comprado en tu propia tienda? Es lo primero que debes hacer, para comprobar que todo funciona correctamente. No te fíes nunca de que todo esté correcto y funcionando, compruébalo y mira con detalle todo los procesos, mensajes que te aparecen como cliente, correos electrónicos, etc. Aunque parezca una tontería las faltas de ortografía o errores de diseño o presentación de los mensajes y correos dan mala imagen a tu tienda. No pasa nada porque sea todo muy sencillo, sin adornos. Lo importante es que no se vean errores.

7.5   Comentarios y valoraciones

En la era de la socialización digital la posibilidad de que los usuarios (o mejor clientes) puedan añadir comentarios y valoraciones a los productos está muy bien visto. Si decides abrir esta posibilidad es necesario que invites a los clientes a dejar sus comentarios en los productos que han comprado. Hay empresas que ofrecen el servicio de comentarios y valoraciones para integrar con nuestra tienda y la clave de su funcionamiento es que invitan a los clientes a participar enviándoles un correo electrónico o realizándoles una encuesta.

Este tipo de funcionalidad no es necesaria cuando se está empezando y se tienen pocos clientes, sobre todo porque tendremos la mayoría de los productos sin comentarios ni valoraciones y muchas veces la ausencia de este contenido es peor que no ofrecer la posibilidad de comentar y valorar.

No corras por tener estas funcionalidades al inicio de tu proyecto online, pero tenlo en cuenta de cara a la evolución de tu tienda.

7.6   Productos recomendados y vinculados

Existen tiendas online que son verdaderos artistas en hacer que añadas a tu carro de la compra productos adicionales que no tenías previsto comprar, sólo porque te los sugieren en el último momento antes de finalizar tu compra o bien al añadir un producto al carro. Esta funcionalidad bien implementada puede llegar a aumentar el tique medio de la compra en un 20%.

Muchas de las aplicaciones para tiendas online incorporan esta funcionalidad desde el primer momento, de forma que bien seleccionamos de forma manual los productos relacionados con otros para estos casos, o bien la aplicación se encarga de hacer la selección en base a la clasificación de categorías y etiquetas que hayamos utilizado al clasificar los productos en la aplicación.

Lo cierto es que los sistemas automáticos de productos relacionados están bien para empezar, pero son poco eficientes porque ofrecen productos muy similares a los que el usuario está viendo o ha comprado, precisamente porque se trata de productos que comparten la clasificación de categorías y etiquetas. Y lo que realmente lleva al usuario a comprar algo más es la recomendación de productos complementarios a los que ha comprado. Esta asociación sólo la podemos hacer de forma manual, y merece la pena emplear un poco de tiempo en esto según vamos añadiendo productos a nuestro catálogo y revisar de vez en cuando estas asociaciones.

También existen servicios que se encargan de evaluar lo que los usuarios compran de forma conjunta para ofrecer esos productos como complementarios a otros usuarios que compran lo mismo. Para esto es necesario tener un volumen importante de ventas, para que el servicio sea capaz de "aprender" del histórico y de la evolución de las ventas para ser efectivo. Estos son los servicios más eficientes de recomendación de productos relacionados. Uno de los más destacados en este campo es el ofrecido por la empresa española BrainSINS.es que ha escrito la siguiente colaboración para el manual.

Estrategias de recomendación de productos en e-commerce

Las recomendaciones de productos son una herramienta muy potente para las tiendas online, ya que nos permiten reducir el número de clics que hace el usuario para realizar la compra, aumenta la conversión y aumenta el valor medio del pedido. Pero como cualquier herramienta que utilicemos, debemos ser capaces de definir las estrategias adecuadas de recomendación en función de nuestros objetivos de negocio.

Una estrategia de recomendación de productos debe definirse a dos niveles. Por un lado, a alto nivel, donde definimos cuáles son los objetivos estratégicos de las recomendaciones aplicadas a nuestro negocio. Y por otro lado, debemos ser capaces de llevar esta estrategia a bajo nivel, montando las tácticas de recomendación en cada uno de los distintos tipos de página que tenemos en nuestra tienda online, para ser capaces de lograr nuestros objetivos de negocio.

Definiendo nuestra estrategia general de recomendación

Para poder definir los objetivos estratégicos de las recomendaciones de productos, primero debemos plantearnos cuáles son nuestros objetivos a nivel de negocio. Como comentábamos, las recomendaciones nos pueden ayudar a distintos objetivos a nivel de negocio, pero como cada negocio es un mundo y tiene unas necesidades concretas, ligadas a su modelo de negocio y a su estado de madurez, primero deberemos tener estos objetivos claros. Profundicemos entonces en los distintos objetivos que podemos satisfacer a nivel de negocio con las recomendaciones de productos:

Aumentar la conversión.
Existen múltiples factores que influyen en la conversión: el diseño y usabilidad de nuestra tienda, la información que damos de los productos, la confianza que generemos, la velocidad de carga, etc. Debemos trabajar todos estos aspectos, pero en ocasiones nos encontramos con una mala conversión porque a nuestros clientes les cuesta encontrar aquellos productos que les interesa comprar. Las recomendaciones de productos nos pueden ayudar mucho a este respecto, ya que nos permiten:
- *mostrar productos relacionados al que está visualizando el usuario para darle opciones de compra (y evitar que los usuarios se vayan de nuestra tienda porque el producto concreto que están viendo no les interesa).*

- *mostrar recomendaciones de productos personalizadas para cada usuario, de forma que si un usuario ya nos ha visitado en el pasado, cuando está e la portada (o en algún otro tipo de página), mostrarle una selección de productos que pueden interesarle.*
- *filtrar, sobre un largo listado de productos (por ejemplo los productos de una categoría), aquellos productos que más pueden encajar en el perfil del usuario. Esto facilita la toma de decisión y evitar que el usuario tenga que navegar por distintas páginas de la misma categoría.*
- *incluir recomendaciones de productos en envíos por email que realicemos a usuarios que aunque se hayan registrado en nuestra web, no han comprado nada hasta el momento. Al conocer su perfil de intereses (por los productos que han visitado), podemos fomentar que compren en nuestra web enviándoles por email productos de su interés.*

Podemos visitar toysrus.es para ver un buen ejemplo del uso de recomendaciones de producto en la página de carrito.

Aumentar el valor medio del carrito.
Aunque la conversión ha de ser nuestro primer aliado a la venta, cuando conseguimos que un usuario se muestre interesado en comprar un producto, debemos aprovechar para aumentar el valor medio del carrito. Las recomendaciones de productos también nos pueden ayudar a este respecto, al permitirnos:
- *mostar productos complementarios (venta cruzada o cross-selling), de forma que si el usuario está interesado en comprar un smartphone, le mostremos los complementos (fundas, accesorios, etc.) que mejor*

puedan encajar con ese producto y también con su perfil de comprador.

- recomendarle productos alternativos, pero más caros (up-selling) fomentando que su compra, aunque sea solo de un producto, tenga un mayor valor. Esto funciona muy bien en dominios de aplicación como pueda ser la electrónica, sobre todo si conseguimos transmitir el mensaje de "por 50€ más te puedes llevar una televisión con mejores prestaciones", o lo que corresponda en función de nuestra tienda.

Podemos visitar la tienda online de bicicletas santafixie.com para ver una buena práctica de cross-selling.

Mejorar la navegación y usabilidad de nuestra tienda.

Otra de las ventajas de las recomendaciones de productos es que nos permiten mejorar la navegación en nuestra tienda online. Hay que pensar que el flujo de navegación normal acaba llevando al usuario a una página de producto, y en muchos casos, una vez llegado al producto, no marcamos una navegación a seguir, y el usuario o tiene que volver para atrás en su navegación, o iniciar un nuevo camino de navegación a partir de las categorías o subcategorías.

Mostrar productos alternativos o complementarios en la ficha de producto facilita la navegación y la toma de decisión. Además, introducir recomendaciones personalizadas en la página de inicio, o en páginas de categoría, favorece la navegación al ofrecer al usuario productos que puedan ser de su interés sin que tenga que dedicar mucho tiempo a encontrarlos.

Por ejemplo en la tienda online forumsport.com, en una categoría determinada los cuatro primeros productos muestra una selección de productos más vendidos y el siguiente bloque muestra cuatro de los productos más visitados en la última hora.

Aportar valor añadido al usuario.
Amazon es un claro ejemplo de éxito de las recomendaciones de productos, y ha logrado no solo ser el rey de la venta por Internet, sino también conseguir una base de usuarios que inician sus procesos de compra en Amazon, no solo por el precio ajustado, si no también porque utilizan a Amazon como una herramienta de selección de productos. Es más que habitual el caso de un usuario que inicia su búsqueda en Amazon, ve productos de su interés, se fija en productos relacionados, valora las revisiones de otros usuarios, navega gracias a las recomendaciones que le ofrece Amazon y cuando tiene claro por qué producto se decide, compara precios con otras webs y determina donde comprar el producto.

De esta forma, aportamos un valor añadido al usuario, ya que al ofrecerle de forma automática productos de su interés, el usuario percibe a la tienda como una herramienta de compra que es capaz de ajustarse a sus necesidades puntuales e intereses.

7.7   Seguridad en la gestión de datos de clientes

Una tienda online que se precie debería tener bajo protocolo seguro las páginas de registro de usuarios y de finalización de la compra donde el cliente añade sus datos personales y de envío.

El protocolo seguro de comunicación web consiste en que en vez de usar el típico http:// en la barra de direcciones web, utilizaremos https:// Este pequeño cambio significa que las comunicaciones entre el usuario y nuestro servidor web van cifradas y no pueden ser leídas por nadie. Para poder usar el protocolo seguro de comunicaciones nuestro servidor web debe estar habilitado y además es necesario comprar un certificado de seguridad o certificado SSL (de las siglas en inglés *Secure Sockets Layer*).

Si utilizamos el https sin certificado de seguridad el navegador del usuario va a bloquear el acceso indicando que se trata de un sitio sin certificar y que no es de confianza, aunque cuando las comunicaciones sí estarán cifradas. El navegador web le da la opción al usuario de ignorar el mensaje de advertencia, pero lo normal es que el usuario se asuste y salga corriendo sin visitar nuestra web o sin comprar.

Así que una vez que habilitemos la comunicación segura con nuestra tienda online debemos comprar un certificado de seguridad que se renueva anualmente. Estos certificados pueden llegar a ser muy caros y que según el nivel de seguridad establecido llegan a certificar que la empresa que hay detrás del dominio web existe y está registrada legalmente en el país del que dice ser. No hay muchas empresas que emitan certificados (ya que tienen que ser empresas que den la suficiente garantía como certificadoras), aunque sí muchos intermediarios (revendedores) lo que hace que los precios sean muy dispares entre sí. Las marcas más habituales son Geotrust, Verisign, Comodo, Thawte o Symantec aunque no son las únicas. En el anexo de enlaces te damos la opción de solicitar un certificado SSL a través de nosotros mismos (somo un intermediario más, y lo cierto que el más económico hoy en día).

8. Gestión de productos

Hemos visto la parte técnica más alegre de la tienda online, la parte en la que un usuario se convierte en cliente. Pero para llegar a eso antes hay que tener un catálogo de productos y una buena gestión de los mismos. El producto es fundamental, y aprovecho para reutilizar un contenido que publiqué en el blog Loogic.com sobre el "Producto" en mayúsculas.

¿Tu tienda online tiene Producto?

He puesto "Producto" con mayúsculas porque me refiero a "producto" como concepto, es decir, una ventaja competitiva de los productos que ofreces en tu tienda online.

Esta ventaja competitiva puede tener muchas formas:

- *precio: vendes lo mismo que otras tiendas online o tiendas físicas pero tienes mejor precio o bien ofreces ventajas por la fidelización como descuentos.*

- *atención al cliente: el servicio de atención al cliente antes de la compra puede resultar determinante ante la venta de determinados productos que requieren asesoramiento. Y la atención al cliente posterior es muy importante para la fidelización del cliente y que éste vuelva a comprar a tu tienda online.*

- *Fotografías: tus imágenes de los productos son mejores, con más detalles y más variadas que las de la competencia. Si el producto habitualmente se toca y* observa con detalle en una tienda física, en la tienda online cuanto mejor se vea el producto, más ventas consigue.

* información y descripciones: este es un capítulo pendiente en una gran parte de tiendas online. La información sobre el producto es escasa, no es posible percibir la diferencia con otros productos similares o faltan características fundamentales para que muchos clientes tomen una decisión de compra.

* contenidos de valor añadido: un usuario habitual de tus contenidos, información, consejos, etc., que publicas en un blog aunque no sea cliente es más probable que cuando se decida a comprar algún producto de los que ofreces en tu tienda online te los compre a ti, que te conoce y con quien tiene cierta afinidad. Igualmente los contenidos de valor atraen a clientes potenciales que una vez encuentran una tienda que les gusta y les ofrece lo que buscan, no continúan su búsqueda ni tienen la necesidad de comparar con otras tiendas online.

* Exclusividad: la exclusividad tiene muchas caras. Puedes ser desde el lujo, productos únicos difíciles de encontrar, productos que fabricamos nosotros mismos, productos personalizados, etc. En parte se trata de la no competencia: es complicado no tener competencia, pero en cierto modo la no competencia tiene que ver con la exclusividad. Si sobre un producto o tipo de producto

ofreces una característica especial que otros no ofrecen, estarás en cierto modo eliminando a la competencia.

Los visitantes de nuestra tienda online la mayoría de las veces no llegan con la idea clara y preconcebida de comprar un producto determinado y justo en nuestra tienda, y si algo no les convence, ya sea el precio, la información, las fotos, etc., no comprarán nada.

Necesitas un "Producto" con mayúsculas, una ventaja no sólo con respecto a la competencia de otras tiendas online o tiendas físicas, sino para vencer la reticencia a la compra, o si lo miramos desde el otro lado, un incentivo para comprar. El incentivo puede ser cualquiera de los mencionados anteriormente.

Todas las tiendas online de éxito tienen su "Producto", ¿ya sabes cuál es el tuyo?

Bien, pues mientras piensas cuál va a ser tu "Producto" continuemos con las gestión de los mismos.

8.1   Variaciones de productos

Las variaciones de un producto son las tallas, tamaños y colores por ejemplo. Es decir, cuando la descripción del producto no cambia pero el cliente puede elegir entre diferentes modelos. Si la descripción del producto cambia lo mejor es dar de alta un nuevo producto en el catálogo y tener un producto diferente.

Las variaciones pueden tener su propia referencia (SKU) independiente de la referencia del producto genérico, aunque en la mayoría de los casos no sea así por comodidad de gestión. Para determinadas situaciones un SKU diferente para cada variante puede venir bien para identificar qué variantes son las más vendidas con respecto a otras. Remito a la sección previa 1.4.1 sobre SKU.

Las variaciones de producto es una funcionalidad que admiten todas las plataformas o aplicaciones de tiendas online. Si te encuentras con una que no lo admita en principio mi recomendación es que intentes evitarla si necesitas esta funcionalidad desde el principio o prevees que puedas necesitarla a corto plazo.

8.2   Personalizaciones de producto

Una de las tendencias de mayor éxito actualmente en el comercio electrónico es la personalización de productos. Desde las típicas estampaciones en objetos hasta productos hechos a medida (ropa, zapatos, muñecos, bisutería...) pasando por la personalización de los envíos para regalos: envoltorio especial, tarjetas con mensajes personalizados, etc.

Cualquier opción que signifique dar la oportunidad al cliente de personalizar el producto que va a comprar significa generar un incentivo adicional de compra. Las grandes marcas como Coca-cola o Nutella lo han llevado a cabo con notable éxito al permitir comprar sus productos con el nombre de pila del cliente en el envase.

Las opciones de envoltorios para regalo que incluyen tarjetas con mensaje personalizado es una fuente de clientes adicional. No es necesario que basemos nuestra tienda online en la personalización ni en la realización de productos a medida, pero sí es interesante pensar en la manera en que podemos ofrecer alguna personalización al cliente.

Estas personalizaciones tienen un coste, pero normalemente no es un inconveniente ponerle un precio adicional a dicha personalización. Si nuestro negocio se basa en la personalización el coste adicional estará incluido en el producto y si se trata de un extra de alto valor los clientes entienden que tenga un precio adicional.

¿Cuándo una personalización es de alto valor? Por ejemplo poner nuestro nombre en una taza de cerámica tiene poco valor subjetivo, pero ponerlo en una taza especial de diseño exclusivo es muy diferente para el cliente aunque desde el punto de vista de la tienda, sea lo mismo.

La premisa de que el cliente debe percibir que el valor de lo que compra es mayor que su precio se hace más evidente en las personalizaciones.

Una cuestión importante en este apartado es que los procesos de preparación de los envíos debe permitirte estas personalizaciones. Si tenemos externalizado el servicio junto con el almacén, no siempre será fácil que la empresa que nos lo gestiona sea capaz de asumir dichas personalizaciones.

Otro punto que se ve afectado con los productos personalizados es la gestión de devoluciones, donde los derechos del cliente a este respecto son menores que para un producto que se vende tal cual se muestra.

8.3   Productos a medida o bajo pedido

He separado este epígrafe aunque ya me he referido en el anterior a los productos a medida o bajo pedido porque su gestión puede ser diferente desde nuestro punto de vista de fabricantes. Hay una notable diferencia entre disponer de un producto y tener que personalizarlo o personalizar sólo el envío, a tener que fabricar un producto a medida o bajo pedido.

En los casos de productos a medida de fabricación bajo pedido debemos ser muy concisos con los elementos que se van a confeccionar a medida. Los tamaños deben ser exáctos, los colores lo más precisos posible, etc. El cliente se ha hecho la idea de un resultado y debe obtener exáctamente la idea que se ha formado de lo que ha comprado.

Si se trata de la fabricación bajo pedido de un producto estándar hay poco margen de error. Aquí lo importante será cumplir los plazos que hayamos indicado en la compra e informar al cliente durante el tiempo de espera de la evolución de su encargo si el tiempo de espera es considerable. Esta labor de información de la evolución de la fabricación del producto encargado genera una gran afinidad y confianza del cliente con la tienda y es bueno para el negocio futuro.

Si se trata de fabricaciones a medida con personalización del producto, las características de personalización deben estar muy claras y no dar lugar a errores ni interpretaciones. Es decir, un encargo de un producto "grande" o "pequeño" es completamente subjetivo. Debe ser "grande de X cm" o "pequeño de X cm" para que el cliente no se haga una idea errónea del encargo que ha hecho. Todo tipo de imágenes de modelos de los productos personalizados y fabricados a medida nunca estarán de más.

8.4 Productos descargables

En los productos descargables debemos asegurarnos que el cliente puede realmente descargar lo que ha comprado y que la información que le ha llegado para la descarga es clara y correcta. Estaríamos hablando de plantillas, dibujos, imágenes, documentos, etc. Muchas tiendas permiten una única descarga de este tipo de productos pero creo que es mucho mejor que la descarga esté disponible de forma permanente e indefinida para el cliente.

Por un lado siempre se puede producir un error de comunicación en la conexión entre el cliente y nuestra tienda cuando se descargue el producto. Este tipo de incidencias son completamente ajenas a nosotros pero el resultado es que el cliente no obtiene su compra y tiene que reclamarla, e incluso puede pensar que la incidencia es culpa nuestra lo que no nos beneficiará en absoluto.

Por otro lado, el limitar la descarga a una sola vez no mejora la calidad de nuestro servicio ni la seguridad ante intentos de copia o fraude. Sinceramente no hay ningún motivo de peso para limitar al usuario en el número de descargas del producto que ha comprado.

8.5 Productos virtuales (servicios)

En relación a los productos virtuales o servicios, la gestión se basará en nuestra comunicación con el cliente. Por experiencia recomiendo que los servicios que vendas de forma directa online sean muy concretos con las especificaciones de lo que incluye el servicio. Es más, es muy recomendable que la descripción del servicio incluya una lista de lo que no es el servicio, para que no deje margen de duda al cliente. Y aún así tendrás muchas consultas sobre los servicios que ofrezcas de esta forma.

8.6   Boxes o cajas de suscripción

En el punto 1.2.2 ya he hablado de las cajas de suscripción o boxes como modelo de negocio en el comercio electrónico. Vuelvo sobre el tema esta vez para hablar de la gestión de este tipo de venta desde el punto de vista de la tienda online.

Lo primero que hay que decir es que el público español no está acostumbrado a este tipo de modelo de venta. En muchas ocasiones el cliente compra pensando que se trata de una compra puntual y única. Sí, todos sabemos que lo has informado bien en la tienda, que has indicado que todos los meses le llegará un paquete y le cobrarás una cantidad fija, etc., pero no importa, muchos clientes protestarán el segundo mes porque se les ha cobrado de forma indebida.

Hay una forma para solucionar este problema, y es la de cobrar los paquetes agrupados, es decir, si la suscripción es mensual, hacer un cobro trimestral, de forma que al menos hemos garantizado que el cliente acepta los tres primeros meses y además hemos reducido la complejidad en la gestión de los cobros.

Para gestionar los cobros recurrentes en el tiempo tenemos el cobro a través de cuentas de Paypal como primera opción por su comodidad de integración. Los servicios de TPVV para tarjetas bancarias de algunos bancos también lo permiten en dos modalidades. Uno es el cobro periódico durante un año indicando el importe fijo de cada cobro, cada qué intervalo de tiempo y cuál es importe total acumulado a lo largo del año. Este servicio no abarca más de un año. La segunda modalidad es la preautorización del cliente para los siguientes pagos. Como tercera alternativa tenemos el servicio de algunos intermediarios de cobros con tarjeta.

En la venta por suscripción hasta hace poco era una buena opción el ofrecer el cobro por domiciliación bancaria, pero de acuerdo a las últimas regulaciones, para los cobros de este tipo debemos disponer de un papel por escrito firmado por el cliente autorizando a dicho cobro domiciliado lo que complica el proceso de venta demasiado.

9. Comunicación y Fidelización de clientes

Muchas tiendas online no prestan atención a los procesos de comunicación con sus clientes o potenciales clientes y es un error porque de ello pueden depender muchas ventas presentes y futuras. Las ventas futuras son muy importantes para la tienda online, tanto las realizadas por usuarios que hemos fidelizado a nuestra tienda pero no han comprado todavía como las compras de clientes que repiten, que es el sentido último de la fidelización de los clientes: que repitan sus compras en nuestra tienda en vez de irse a otra tienda.

Algunas recomendaciones al respecto:

• no dejes en manos de tu aplicación de tienda online la comunicación con el cliente comprador, revisa estos procesos, ten claro lo que se le comunica al cliente y cómo. Una vez más lo mejor será que seas el primer cliente de tu tienda online para comprobar los procesos y poder mejorarlos.

- no tienes por qué dejar en manos de los procesos automáticos todas las comunicaciones con los clientes, sobre todo al principio que no tendrás sobrecarga de trabajo por este motivo. La atención personal (por parte de personas de carne y hueso) es muy valorada por el cliente.

- no esperes a que un usuario sea cliente para ponerte a su disposición, un usuario (visita) es un cliente potencial y muchas veces tan sólo necesita saber que estás disponible para atenderle si te necesita consultar algo aunque no llegue a preguntar nada antes de comprar.

- si tienes un teléfono de contacto bien visible en la web y un servicio de chat en vivo para el que lo quiera utilizar generarás una mayor confianza en el usuario y en el cliente (y no recibirás muchas llamadas).

- la fidelización del cliente comienza antes de convertirse en cliente, empieza cuando le convences de que realice una compra en tu tienda, así que trata la fidelización como un proceso que comienza con tu estrategia de marketing, no sólo cuando un usuario se ha convertido en cliente.

- no intentes engañar ni confundir a tus usuarios, no tengas "letra pequeña", las cosas son como son y no hay nada peor que un usuario que se ha sentido engañado; las cosas claras y al que no le convenza se irá pero no se convertirá en un "enemigo".

En los siguientes apartados profundizo en cada caso.

9.1   Comunicación con el usuario

Es difícil ponerse en la piel del usuario cuando se trata de nuestra propia tienda, porque la conocemos y sabemos lo que hay detrás de cada enlace, cómo funciona todo, lo que se puede esperar y lo que no, pero los usuarios que llegan por primera vez a tu tienda no saben nada de eso.

Una buena forma de saber si lo estamos haciendo bien es visitar la tienda de la competencia o alguna tienda que por tipología se asemeje a la nuestra y pensar como un usuario que quiere comprar prestando detalles a lo que esa tienda tiene o no tiene y anotarlo todo. Después vamos a nuestra tienda y repetimos el proceso comprobando si tenemos y no tenemos todo lo que la anterior tenía o no tenía. Te llevarás algunas sorpresas que no esperabas, pero sobre todo podrás mejorar mucho tu tienda online.

¿Y qué tiene que ver esto con la comunicación con el usuario? Pues todo, porque la comunicación con el usuario es todo lo que transmites con la web, desde el estilo, la actitud, hasta las posibilidades directas de comunicación.

Es beneficioso ofrecer al usuario la posibilidad de contactar con la tienda online ante cualquier duda, consulta o sugerencia, y por los medios más rápidos, cómodos y variados posibles:

- un teléfono: preferentemente fijo y nada de un 902 que es muy molesto porque le cuestan dinero al usuario; recuerda que se trata de ser amable con el usuario, no de intentar evitar que se ponga en contacto con nosotros. La experiencia dice que los usuarios de tiendas online que llaman por teléfono lo hacen sólo como último recurso cuando no se pueden comunicar por otro medio así que no tengas miedo al teléfono.

- correo electrónico: si la persona que va a atender esos correos es siempre la misma puedes usar una cuenta de correo con el nombre de pila de esa persona, generará mayor confianza.
- formulario de contacto: aunque no lo parezca los formularios de contacto se utilizan de forma preferente al uso del correo electrónico por la inmediatez de enviar una consulta sin necesidad de cambiar de página para ir a la aplicación de correo para escribirla
- chat: mejor una aplicación que permita dejar mensajes a los usuarios si no estás online.

9.2 Comunicación con el cliente

La comunicación con el cliente comienza cuando empieza el proceso de finalización de una compra (aunque técnicamente todavía no es un cliente). En este paso de finalización de la compra se quedan varados muchos pedidos así que es muy importante que el proceso de checkout sea claro y rápido. Como ya he hablado de este tema no insisto más sobre él. Lo que sí quiero decir aquí es que cuando el cliente ha terminado su compra es buena idea que la siguiente pantalla que ve de nuestra tienda incluya un agradecimiento por su compra y un resumen de los datos de la compra realizada. Entre estos datos no deberían faltar:

- un número de pedido o de identificación para posibles incidencias.
- datos de contacto generales o enlace a la página con los datos de contacto.

- confirmación expresa de que se ha recibido el pago.
- plazo para la siguiente comunicación con el cliente o plazo de entrega del pedido.

A partir de aquí hay varios momentos que se pueden aprovechar para comunicarse con el cliente, normalmente de forma automática por parte de las aplicaciones de tiendas online:

- cuando el pedido entra en preparación en nuestro almacén.
- cuando el pedido pasa a transporte para su entrega.
- cuando tenemos confirmación de la entrega del pedido.

Si por cualquier motivo el pedido no se entrega en el plazo previsto, por causa de que no está el destinatario o porque se ha producido cualquier incidencia en almacén o en el transporte, debemos comunicarnos con el cliente para dejar constancia de lo que ha pasado, el motivo y la solución. Aunque el motivo del retraso de la entrega sea por la ausencia del cliente y sea nuestra agencia de transporte la que se encarga de dicha gestión, no está de más que notifiquemos al cliente la situación. Hay que tener en cuenta que lo más probable es que el cliente no se entere de que se le ha intentado entregar el pedido y no ha sido posible por su ausencia.

A continuación un artículo escrito por la empresa Splio.es dedicada al marketing por mail y SMS sobre el uso del SMS en el marketing y la comunicación con el cliente.

Jean-Baptiste Boubault, director general de Splio.

SMS marketing para tiendas online

En la actualidad existen muchas herramientas de marketing que son útiles para las tiendas online, como el email marketing, las redes sociales, SEO, SEM, etc. pero una de las que menos se utiliza aún entre los vendedores online es el SMS Marketing. Sin embargo, el envío de SMS de marketing es altamente efectivo para el ecommerce, sobre todo si se utiliza para campañas dirigidas a clientes o acciones VIP.

El gran potencial del SMS como canal de marketing depende de diversos factores, basados en aspectos tanto tecnológicos como sociológicos.

1. *Alta tasa de penetración de móvil. Según datos recientes de Red.es en España hay más de 51 Millones de líneas de telefonía móvil para comunicación personal, lo que supone una tasa de penetración de 112,4%. Es un medio masivo.*

2. *Accesibilidad a todo tipo de cliente. Para recibir y poder leer un SMS no hace falta que el usuario sea experto ni que tenga un teléfono de última generación, por lo que el SMS Marketing es uno de los pocos canales que permite llegar a cualquier tipo de público.*

3. *Alta interacción. Los datos de respuesta de los usuarios al SMS Marketing no son comparables a otros canales; un 97% de aperturas, 19% de tasa de clic y un tiempo medio de apertura al recibir el mensaje de 90 segundos.*

4. *Conexión móvil-web. Con el avance tecnológico, el usuario está a todas horas conectado, con internet a un sólo clic en su móvil. Se ha generado una vinculación entre el móvil y la web o las redes sociales, y el SMS*

Marketing lo está sabiendo aprovechar para conectar directamente el SMS con la web gracias a las URL acortadas. Así, el SMS permite dirigir el tráfico procedente de la apertura del SMS directamente hacia la tienda online, y por tanto a la venta.

5. *Control de resultados. Gracias a la inclusión de las URLs en los SMS, podemos trackear y controlar los resultados de las campañas, para saber, desde cuántas y qué personas han clicado el link (y por lo tanto abierto el mensaje), hasta el volumen de ventas generado directamente por el SMS.*

A pesar de todas estas ventajas, el SMS Marketing también tiene algunos riesgos que hay que conocer, para que se convierta en un aliado para nuestra marca, y no un gran dolor de cabeza. Uno de los riesgos, especialmente significativo para los ecommerce que están empezando, es su elevado coste. A diferencia de por ejemplo el email marketing, tiene un coste elevado por lo que hay que pensar muy bien la estrategia a seguir, objetivos y utilizarlo sólo para acciones estratégicas y VIP que no saturen al cliente.

Otro de los riesgos es la posibilidad que pueda ser percibido como intrusivo. Debido a las malas prácticas de algunos, el SMS tiene fama de ser considerado por el usuario como muy intrusivo o directamente SPAM. Pero esto ocurre sólo si hacemos SMS del malo. Este problema se soluciona enviando información relevante y dando valor añadido y en definitiva respetando las buenas prácticas.

Desde Splio, hemos elaborado un listado de buenas prácticas de SMS marketing, para ayudar a todos los e-commerciantes:

93

1. *Horarios: se recomienda enviar los días laborables de 8.00 horas a 20.00 horas, y los sábados de 8.00 horas a 20.00 horas. Los domingos y festivos es recomendable no realizar envíos publicitarios para no incomodar al cliente.*

2. *A la hora de enviar una campaña, hay que tener en cuenta que la velocidad de entrega dependerá del tráfico de los operadores en esas fechas y horas, y del volumen de mensajes a entregar, por lo que es recomendable no programar una campaña en las horas límite recomendadas de envío.*

3. *Cuando un cliente se da de alta en el servicio de SMS Marketing, infórmale correctamente de que está dando su autorización para recibir ocasionalmente SMS de publicidad de tu marca. Explícale las características del servicio de SMS Marketing, dejando claro que es un servicio gratuito y del que podrá darse de baja en cualquier momento.*

4. *Posibilita la baja. Incluye en todos los mensajes la posibilidad de que tus usuarios puedan darse de baja directamente por SMS, enviando la palabra «BAJA» o «STOP».*

5. *Incluye en el texto el nombre de tu marca. Aunque hayas personalizado el sender, es recomendable poner de nuevo el nombre de la marca que envía el SMS, para evitar que por posibles incidencias técnicas, el receptor no reciba el sender personalizado y no sepa de qué empresa viene el mensaje. Además ten en cuenta que en algunos países la personalización del sender no es posible, por lo que poner el nombre de tu empresa en el*

cuerpo de texto será imprescindible.

6. *Incluye al inicio del mensaje alguna referencia al tipo de comunicación. Es recomendable que el SMS publicitario se inicie con la palabra PUBLICIDAD: o PUBLI: o PB:, para que el receptor sepa des del principio que se trata de un SMS publicitario.*

7. *Incluye una shorten URL que lleve a una landing page o a ala versión móvil de tu web, que incluya los detalles de la promoción, así como los de oposición, acceso, rectificación y cancelación de datos.*

8. *Personaliza al máximo los mensajes. Incluye el nombre del cliente dentro del texto del mensaje, o cualquier información relacionada con el cliente, como número de tarjeta cliente, cantidad de puntos acumulados, tienda más cercana, etc.*

Siguiendo estas sencillas pautas, el SMS se convertirá rápidamente en un canal que generará ventas en tu tienda online y engagement en tus clientes.

9.3 Canales: correo electrónico, chat, teléfono

¿Para qué están los canales de comunicación con nuestros usuarios y clientes? La respuesta no es *para que se pongan en contacto con nosotros*, sino que la respuesta es *para que confíen en nosotros porque les atendemos por el medio que más cómodo les resulte, y en caso de que uno no funcione siempre hay otra alternativa.*

El enfoque a la hora de presentar nuestros canales de comunicación es completamente diferente si pensamos desde nuestro punto de vista de tienda a si lo hacemos desde el punto de vista del cliente que en la mayoría de los casos no necesita ni quiere contactar con nosotros, pero sí quiere tener la posibilidad de hacerlo con seguridad y rapidez.

En la medida de lo posible deberíamos disponer de estos cuatro canales: correo electrónico, formulario de contacto, chat y teléfono.

Normalmente la frecuencia de uso por orden decreciente suele ser el chat, formulario de contacto, correo electrónico y teléfono. El teléfono lo "reserva" el cliente para cuando tiene una incidencia con su pedido, así que si somos diligentes lo usaremos muy poco para recibir llamadas de los usuarios. Pero eso no significa que podamos prescindir del teléfono, al contrario, es un elemento de seguridad y confianza para el cliente.

El chat, incluso cuando no estamos online es un elemento que se utiliza con mucha frecuencia para consultar previas a las compras. Disponer del chat nos va a permitir aumentar la conversión a ventas de nuestra tienda, al asesorar y recomendar sobre los productos que vendemos. Si es posible, ponle nombre y cara a la persona que atiende el chat.

El formulario de contacto es preferido al correo electrónico por la inmediatez a la hora de realizar una consulta, al menos en la fase anterior a la compra. Los clientes utilizarán más el correo para cualquier duda o pregunta que les surja sobre su pedido utilizando los mensajes de aviso generales que les enviamos para responder sobre ellos y hacer sus preguntas. No es buena idea por tanto usar como remite de los mensajes automáticos de nuestra tienda una cuenta de correo del tipo "no-replay@" o "no-responder@".

Como ya he comentado en el caso del chat, un valor añadido en las comunicaciones de nuestra tienda es indicar un nombre de la persona responsable que está disponible para atender al usuario y cliente. La personalización se valora mucho, somos animales sociales, y nos gusta saber con quién vamos a hablar y quién atiende nuestras preguntas. En la medida de lo posible utiliza el nombre y primer apellido real de la persona que atiende las vías de comunicación, y eso dará un plus de confianza al usuario.

9.4   Sellos de garantía y calidad

Las tiendas online con más sellos de calidad y logotipos generan una mayor confianza en el usuario y por tanto facilitan las ventas. Si bien es cierto, por muchos sellos de calidad que tengamos si la tienda no transmite esa fiabilidad y calidad en todos sus mensajes, no servirán para nada. Los sellos de calidad tienen un coste, y cuando estamos empezando lo que tenemos que mejorar es nuestra tienda, nuestra atención al cliente, nuestra comunicación, etc., y ya llegará el momento de pagar por un sello de calidad que además nos va a obligar a una serie de formalismos que es posible que no podamos permitirnos inicialmente.

Si nos esforzamos por dar la máxima calidad en nuestra tienda, a nivel de información y atención, cuando queramos adherirnos a un sello de calidad el paso será muy sencillo y apenas tendremos que hacer algunos ajustes mínimos porque ya estarmos cumpliendo los estándares de calidad que imponen estos sellos.

El sello de calidad más extendido en España es el de "Confianza Online". Se trata de una entidad asociación sin ánimo de lucro que ofrece unos protocolos de actuación y de información que avalan la calidad de una tienda online y tras una auditoría puedes utilizar su sello como una garantía para generar confianza en los usuarios.

Existen otros sellos de calidad privados, normalmente asociados a algún tipo de servicios como el de ofrecer la posibilidad de que los clientes dejen su opinión sobre la tienda (incluso se les invita de forma expresa a hacerlo), y esa empresa privada ofrece la garantía de que son opiniones verídicas de clientes reales que han comprado. En este tipo de servicio destacan tres empresas, Ekomi.es, Opiniones.verificadas.com y Trustedshops.es.

9.5   Programas de puntos

Los programas de puntos o los descuentos recurrentes compras futuras en función del gasto realizado en la última compra son el equivalente las tarjetas de fidelización de lo hipermercados físicos. No hay muchas tiendas online que implementen este tipo de fidelización por varios motivos:
  • realizan descuentos o promociones orientados a la captación de nuevos clientes y se olvidan de los que ya son clientes (como han hecho siempre las compañías de telefonía).

- técnicamente supone aplicar desarrollos o cambios importantes que tienen un coste y no se consideran prioritarios.
- el ajuste de precio hace que no quede margen para añadir un descuento adicional en forma de puntos o descuentos en futuras compras.

Debemos considerar si a pesar de lo anterior es bueno para nuestro negocio ofrecer un incentivo para la repetición de compra. En un apartado posterior hablaré sobre las las repeticiones de compra y veremos que es más importante de lo que inicialmente pueda parecer, por lo que vale la pena valorar todas las posibilidades que tenemos a nuestro alcance en este sentido para fidelizar al cliente.

9.6   Cashback

El *cashback* es la devolución de dinero en efectivo al usuario tras realizar una compra o llevar a cabo una acción. Es un incentivo para la interacción del usuario y un método muy eficaz para convencer a clientes potenciales indecisos y atraer nuevos usuarios. Podemos hacer una devolución en forma de cupón descuento, pero el *cashback* verdadero lo que hace es devolver dinero, es decir, no obliga al cliente a hacer una segunda compra o realizar una segunda acción para obtener su recompensa económica.

Hay empresas que gestionan el *cashback* como es el caso de Beruby.es (aunque además ofrece cupones y ofertas). A continuación un artículo escrito por Beruby sobre el *cashback*.

99

Ventajas del cashback para el comercio electrónico.

El cashback es una alternativa de marketing muy eficaz de cara a las tiendas, si bien sus ventajas siguen siendo desconocidas para muchas empresas que venden en Internet. Entre las características que lo hacen atractivo se pueden destacar:

- *Modelo puro CPA: la tienda (e-commerce) sólo paga por resultado. Es un modelo CPA (coste por venta) por lo que no hay riesgo de una inversión no rentable para la empresa. Así, al tener un coste como porcentaje o una cantidad fija sobre las compras, cualquier inversión en un* cashback *no presenta ningún riesgo (ni siquiera en los casos de mucho volumen).*

- *El CPA lo define la tienda: frente a otros modelos, el* cashback *no incrementa el coste por venta dado que es la propia tiende la que lo define y va adaptando según sus resultados. Lo recomendable es que este CPA sea atractivo pero que genere un retorno positivo desde la primera venta (a diferencia de otras acciones de marketing, no se requiere una inversión adicional).*
- *Usuario Comprador: el usuario de la comunidad* cashback *es un usuario que ya compra en Internet lo que garantiza unas mejores tasas de conversión. No hay que educar al potencial cliente en comprar en Internet ya que esa barrera la ha superado.*

- *Cliente Motivado: en el* cashback, *el usuario recibe adicionalmente un incentivo (en euros dentro del* cashback), *lo que aumenta su satisfacción. Este incentivo adicional no supone ningún coste para la tienda (es el* cashback *el que subvenciona este coste como parte de su modelo de negocio).*

- *Menor Fraude: si bien el riesgo de fraude existe en cualquier compra, el usuario de un sitio de cashback se encuentra registrado e identificado lo que disminuye las probabilidades de fraude. La empresa de cashback paga al usuario, por lo que conoce sus datos personales y elimina el riesgo de usuarios anónimos o identidades suplantadas a la hora de hacer compras en Internet.*

- *Imagen de marca gratuita: al sólo pagar por éxito, toda la imagen y promoción que haga la empresa que ofrece el cashback no supone un coste adicional para la empresa por lo que es una de las pocas opciones de marketing que crea marca sin coste.*

- *complementariedad con otras acciones de marketing: el cashback no requiere de una inversión adicional (es sólo a éxito) por lo que puede convivir perfectamente con otras alternativas dentro de un presupuesto de marketing. El hecho de que sea sólo a éxito mejora los ratios de conversión y logra complementar la necesidad de acciones directas (venta) con acciones de creación de marca (branding).*

Con todo lo anterior, el cashback es una opción muy buena de promoción de marketing si bien, al igual que cualquier otra alternativa, requiere una medición. No es lo normal, pero hay que asegurarse que el cashback no canibalice a las compra directas. Es decir, se debe prestar atención a medir y confirmar que las ventas son incrementales. Los estudios que se han realizado por empresas del sector confirman que el cashback aumenta las ventas. En cualquier caso, siempre es aconsejable medir el impacto.

Manual Tiendas Online Loogic 2014

En resumen, el cashback *supone muy poco riesgo por lo que es una opción muy atractiva y complementaria a otras alternativas de marketing.*

9.7   Marketing online

El marketing online es uno de los temas más amplios, complejos y con diversas especializaciones como para escribir una guía sólo dedicada a estos temas. Aquí no trataré de hacer eso sino dar las pautar principales de trabajo sobre cada una de las principales áreas del marketing online.

Aquí quiero destacar el concepto de *"inbound marketing"* que no es más que el nombre que se le da a una actividad de marketing integrada con SEO (Search Engine Optimization), SMM (Social Media Marketing) y marketing de contenidos como tres ejes de trabajo conjunto y dependiente, no como elementos aislados. El llamado *inbound marketing* busca atraer a los usuarios a través de sus gustos y preferencias, comunicarnos con él, acogerlo y fidelizarlo, todo esto como paso previo a convertirse en cliente.

9.7.1   Marketing de contenidos

Podríamos decir que es el pilar fundamental de una estrategia de marketing de la que va a derivar el trabajo de SEO y el de SMM. Los contenidos de interés para los usuarios son el gancho para atraerlos hacia tu web. Sobre estos contenidos se trabajará el SEO para posicionarlos lo mejor posible de forma natural en buscadores (Google) y se utilizarán como uno de los elementos base de la comunicación en redes sociales.

La presencia de enlaces en redes sociales hacia nuestro contenido es un factor para el SEO. Por tanto las tres áreas están relacionadas como parte del *inbound marketing.*

Cuando hablamos de contenido no sólo se refiere a contenido de textual. El contenido multimedia en formato de vídeo es muy importante por la facilidad (rapidez e inmediatez) de su consumo. Es conveniente que te plantees disponer de un canal de vídeo en plataformas como Youtube donde vayas añadiendo poco a poco los vídeos de información, trucos de uso cotidiano, contenidos en general de interés para los usuarios, además de los vídeos que vayas creando sobre tu tienda, tus productos y promociones. La duración de los vídeos es mejor que sea breve, y no pasar de los cinco minutos. De todas formas esto es una referencia orientativa porque dependiendo de lo que quieras comunicar lo puedes hacer en un minuto o merecerá la pena que le dediques más. La calidad de los vídeos es importante, pero la cercanía que transmiten los vídeos caseros con una producción cuidada (transiciones entre imágenes, cortes, calidad del sonido, distintos ángulos de cámara, etc.) son mejor valorados por los usuarios. Puedes disponer de vídeos profesionales cuando se trate de mostrar las cualidades de tu producto, asistencias a eventos y cuando el objetivo sea la creación de una imagen de marca, y hacer vídeos más amateur cuando se trate de generar contenidos de información más cercanos al usuario.

Sean como sean tus contenidos, piensa que no más de un 20% de los contenidos deben hablar de tu tienda, sino de temas relacionados e información de valor que le interesa a tu clientela potencial. Los mayoría de los contenidos no están orientados a la venta directa sino a la captación de audiencia y fidelización del usuario para que se convierta en cliente, o al que se ha convertido en cliente para que repita su compra.

Algunas de las características de un buen contenido de texto:

- contenido original, no copia-pegas o refritos sin valor añadido.
- extensión adecuada: en menos de 250 palabras no podremos aportar demasiado valor. Si nos alargamos mucho (no es malo salvo que siempre publiquemos contenidos largo) estructura el contenido en apartados.
- utiliza negritas entre el texto: a mí me gusta meter una negrita en casi todos los párrafos.
- párrafos cortos: son más fáciles de leer en una pantalla.
- utiliza enlaces, tanto internos a contenido propio como enlaces externos.
- revisa la ortografía y sintaxis del texto antes de publicar, la apariencia también cuenta
- no te olvides de las palabras clave para el SEO, aunque no debes obsesionarte con eso.
- contenido actual: y si se pasa de moda actualízalo para que sea un contenido fresco y tenga validez a lo largo del tiempo. A Google le gustan los contenidos que se amplían y actualizan con el tiempo, al igual que los que tienen comentarios de los lectores. Cuanto más actual sea tu contenido y más favorezca la interacción de los usuarios mucho mejor.
- personal: dale un toque personal a tu texto, estás escribiendo para otras personas, deja que vean que te expresas de forma natural, como tú eres, trata al lector con cercanía.
- utiliza listas cuando estés enumerando temas: las listas estructuran el contenido y facilitan la lectura.

9.7.2   Social Media Marketing (SMM, Redes Sociales)

Las redes sociales han dado mucho que hablar y todavía no hay acuerdo en cuánto es su nivel de utilidad para obtener un retorno en forma de ventas. Lo primero que tenemos que tener claro es que no tenemos por qué estar presentes en todas las redes sociales por el simple hecho de que el de enfrente esté en esa red social.

Debemos establecer una lista de prioridades en cuanto en qué redes sociales nos conviene tener presencia, porque el trabajo de SMM puede consumir muchos recursos de tiempo y si entramos en una red social es necesario estar activo de forma constante para que tenga utilidad. De hecho, una presencia desactualizada en una red social es más perjudicial que no estar.

Las redes sociales en las que debemos valorar la presencia de nuestra tienda online, bien se de forma directa o a través de nosotros como responsables de la tienda son las siguientes. En cada caso se elegirán las más adecuadas:

- Linkedin: orientación profesional, para estar como profesional y como empresa.
- Facebook: orientada al ocio y a compartir contenidos entre contactos afines a los que se conoce de forma personal. Debemos diferenciar entre nuestra presencia como personas físicas y la presencia como página de empresa.
- Twitter: predomina la inmediatez en la comunicación entre perfiles o intereses afines existiendo normalmente una menor conexión personal entre los contactos con respecto a Facebook.

- Instagram: actualmente pertenece a Facebook y es una red social basada en imágenes (y vídeos) en movilidad (iPhone y Android).
- Pinterest: red social basada en imágenes (y vídeos).
- Foursquare: red basada en el geoposicionamiento de personas y negocios.
- Google+: la red social de Google con un futuro incierto o al menos controvertido entre los que anuncian su desaparición desde que nació y los que la utilizan de forma intensiva y obtienen un buen retorno de ella.
- redes sociales verticales especializadas en nuestro sector: a valorar en cada caso, estas redes sociales o comunidades especializadas (a veces simples foros) son un buen lugar para tener presencia activa.

9.7.3   Search Engine Optimization (SEO)

El trabajo para posicionamiento natural o SEO de nuestra tienda en los resultados de búsqueda de Google empieza por el posicionamiento de las páginas de producto y categorías de nuestra tienda.

En segundo lugar el SEO debe trabajar los contenidos generados en nuestro blog o canal de vídeo. El propio Google ha elaborado una guía para iniciarse en la actividad SEO. Se trata de un documento de unas treinta páginas que resume todo lo que Google considera que podemos hacer de manera correcta para posicionar los contenidos en su buscador. Tienes el enlace en la página de recursos indicada al final del manual.

Algunos de los aspectos más básicos y destacados para el SEO son los siguientes:

- utiliza títulos de página y que sean únicos para cada página (etiqueta html <title>).
- utiliza metaetiqueta de descripción en todas las páginas.
- simplifica las urls o direcciones de las páginas: mejor direcciones cortas y eliminando las palabras genéricas (artículos, preposiciones, etc.)
- crea un archivo sitemap en formato xml para el buscador: le ayudas a indexar tus páginas y te lo agradece.
- en los contenidos utiliza enlaces internos y externos enlazando las palabras clave de dicho contenido.
- Utiliza la etiqueta de texto alternativo (atributo html "alt") para las imágenes.
- utiliza como nombre de archivo de imagen un nombre descriptivo de la propia imagen.
- Utiliza etiquetas de título de forma ordenada: cada página debería llevar una (y sólo una) etiqueta html <h1> y las siguientes etiquetas de título deben aparecer de forma jerárquica.
- a Google no le gustan los comentarios spam en las páginas de contenido, así que ten cuidado de que en tu blog no aparezcan comentarios que son claro spam.
- si tienes una versión móvil especial de tu tienda, házselo saber correctamente a Google para que la indexe correctamente y no te penalice por contenido duplicado.
- los enlaces entrantes hacia tu contenido son muy importantes para darle valor al mismo y mejorar su posicionamiento; todo el trabajo que hagas para difundir tu contenido y propiciar estos enlaces será trabajo de SEO y no sólo de SMM o comunicación.

Para mejorar en algunos aspectos del SEO, Google pone a disposición de las webs las Google Webmasters Tools (enlace en la página de recursos).

9.7.4 Email marketing, Boletines de novedades o Newsletters

Desde el primer día deberías estar captando el correo electrónico de tus visitantes para poder enviarles información sobre tus novedades o contenido de valor para que visiten el blog de la tienda.

El problema es que los usuarios están saturados de suscripciones a boletines enviados por correo electrónico y cada vez es más complicado captar al usuario sólo para que se suscriba a nuestras novedades, y la efectividad de los correos enviados cada vez es menor.

Es costumbre convertir de forma automática a todos los clientes en suscriptores. Esto está bien siempre que se les de la opción de darse de baja de la suscripción. Pero nuestro objetivo como tienda online debe ser disponer de una base de datos de contactos mayor que la de nuestros clientes. Para eso tenemos dos alternativas:

- incentivar el registro en nuestra tienda online y convertir a todos los usuarios registrados en suscriptores.
- incentivar la suscripción directa a nuestro boletín de novedades.

La ventaja de incentivar el registro es que dispondremos de más datos de nuestros usuarios como edad, sexo, localidad,

108

etc., o cualesquiera que sean los datos obligatorios que solicitemos para el registro.

La ventaja de la suscripción es que es suficiente con solicitar el correo electrónico y por tanto la captación puede resultar más sencilla al ser un paso más corto y menos "invasivo" para el usuario.

Sea cual sea la forma elegida para nuestra tienda, debemos planificar una estrategia de captación teniendo en cuenta algunos aspectos. Aprovecho para esta explicación el siguiente artículo publicado en Loogic.com:

¿Cuánto cuestan las campañas de email marketing?

La respuesta es muy rápida y sencilla: si las haces de cualquier manera no cuestan nada, pero tampoco esperes grandes beneficios.

¿Eso significa que hay que gastarse dinero en una campaña de email marketing? No necesariamente, pero sí tendrás que invertir recursos humanos en crear tus campañas empezando con una estrategia clara y unos objetivos concretos.

Si estás pensando que las campañas de email marketing no son para ti, vuélvelo a pensar porque es una herramienta que no sólo lo ecommerce están utilizando con éxito, sino también todo tipo de empresas de servicios.

Estos son mis pasos para la planificación de una campaña de email marketing, de manera resumida (cada punto daría para un artículo entero):

• *Definición de objetivos: podemos querer cosas muy diferentes de nuestra campaña, convertir suscriptores en clientes, fidelizar clientes consiguiendo repeticiones de compra, hacer una encuesta, promocionar un producto o servicio de terceros, etc.*

• *Estrategia: el spam existe porque funciona, pero si no quieres estropear tu marca mejor que procures evitar cualquier consideración de spam. Esto significa que tu estrategia debe ser convencer por méritos propios, invitar a la acción, siempre en línea con el motivo por el que ese usuario se apuntó a tu newsletter. Piensa lo que vas a contar a tu usuario, por qué y cuándo.*

• *Captación: si todavía no tienes una base de contactos amplio tu estrategia tendrá que empezar por aquí. Qué vas a dar a los usuarios a cambio de apuntarse (una guía gratuita, una prueba de producto o servicio, etc.) o que les vas a prometer. Y por supuesto tendrás que cumplir.*

• *Imagen: no vale cualquier correo, tómate tu tiempo en elegir una plantilla que te guste y se adapte al contenido de tu campaña. Todos los servicios de email marketing disponen de buenas plantillas para elegir.*

• *Contenido: el asunto es importante. Si dispones del nombre de pila del destinatario, es mejor usarlo. Utiliza tu marca para identificar el correo, evita las palabras típicas del spam como "oferta, descuento, has ganado" y cosas así. Y el contenido del correo piensa que debe aportar algo al usuario. Aunque hoy no pinche en ningún enlace o no compre, mañana puede hacerlo si le ha gustado lo que ha visto. De todas formas deberás hacer pruebas cambiando estos parámetros para saber qué es lo que mejor te funciona a ti.*

• Envíos (y pruebas): cambia el tipo de asunto de los mensajes, la estructura, el contenido, el tono, etc. Pero no lo hagas todo a la vez o no podrás saber a qué cambio se deben las diferencias de resultados si es que las hay. Algunos servicios de email marketing permiten hacer tests A/B que son útiles cuando tienes un volumen muy alto de suscriptores. Pero siempre puedes comparar cambiando cosas en cada envío.

• Medición: si no mides no podrás mejorar, tanto si has obtenido buenos resultados como si no. Acuérdate de medir bien y comparar resultados entre envíos para poder mejorar la eficacia con cada campaña de email markering.

La frecuencia de tus campañas de email marketing. *Artículo publicado en Loogic.com*

Uno de los factores para mejorar la tasa de apertura del correo en las campañas de email marketing era"medir". Para saber cuál es la frecuencia adecuada del envío de boletines o newsletters tenemos que medir la respuesta de nuestros usuarios, e incluso preguntarles.

No existe una respuesta única a la pregunta de cuál debe ser la frecuencia de envío de boletines, porque no es lo mismo que enviemos promociones, información sobre productos nuevos, información de interés general acompañada de publicidad, etc. Debemos estudiar a nuestra audiencia y ver si la respuesta mejora, empeora o se mantiene si aumentamos la frecuencia de envíos.

Existe una tendencia a aumentar el número de envíos en los comercios electrónicos que dependen mucho de la fidelización y de las compras repetidas para cuadrar sus cuentas. Y supongo que no es contraproducente porque continúan haciéndolo, así que en general podemos decir que si construimos con cuidado nuestros boletines y aportamos valor en ellos, podemos hacer varios envíos semanales de campañas de email marketing.

El caso extremo es el envío de un correo diario o casi diario. A priori pensaríamos que es excesivo y negativo, que los usuarios se darán de baja, pero no necesariamente tiene que ser así. Estoy suscrito a un club de alimentación gourmet que envía correos todos los días. La mayoría de las veces no abro el correo, pero tampoco me planteo darme de baja, ¿por qué? Tan sencillo como que cuando abro los correos me encuentro un montón de imágenes que me gustan y un diseño distinto cada vez. Aunque no pinche en los enlaces ni compre, no me importa recibir esos correos y abrirlos sólo cuando me pilla en buen momento.

Lo que sí debemos tener claro es que no podemos repetirnos con los contenidos. No hay que enviar más de lo que podemos asumir en términos de creación de contenido del boletín, porque no debemos enviar cualquier cosa, sino lo mejor de lo mejor que tengamos que ofrecer a nuestros usuarios.

Así que mi sugerencia es enviar uno a la semana y aumentar el número de envíos midiendo qué es lo que ocurre para saber si está siendo bueno o malo.

Forma de captar suscriptores o registro de usuarios para tu tienda online

En algunas tiendas online que se posicionan como un club exclusivo es práctica habitual el no permitir la navegación por la tienda si el usuario no está identificado (registrado). Esta es la forma más agresiva de captación de registros y suele ser una medida temporal para la captación de los primeros registros de usuarios a los que luego se intentará convertir en clientes.

Sin llegar a eso, debemos destacar la opción de registro o suscripción de forma clara en nuestra tienda. Para esto es muy útil una ventana flotante informativa que centre la atención del visitante cuando entra en una determinada página o cuando entra por primera vez en nuestra web. Estas ventanas deben contener información breve, clara y directa de los beneficios que supone estar registrado o ser suscriptor, e incluir, a ser posible en la propia ventana, el formulario de registro o suscripción.

El usuario estará dispuesto a registrarse o suscribirse si percibe que va a recibir una contraprestación suficiente por su esfuerzo y por su tiempo. Para esto es necesario que tengamos algo de valor que aportar a los usuarios registrados o suscriptores. Este algo de valor pueden ser ventajas sobre la tienda como descuentos o regalos para la primera compra, o bien un contenido exclusivo elaborado para el fin de captar a estos usuarios (guías, consejos, trucos, información relevante, etc.)

Una cuestión importante en este apartado es decidir qué plataforma utilizar para el envío de los correos electrónicos periódicos. Una gran parte de las aplicaciones para creación de tiendas online incorporan la funcionalidad del envío de boletines o *newsletters*, pero esta no debería ser nuestra primera opción porque el envío de correos masivos tiene el riesgo de que sean considerados spam por los servidores de correo de los receptores, y sólo las aplicaciones de empresas especializadas están optimizadas para reducir este riesgo y controlarlo. Por otra parte, las aplicaciones especializadas disponen de funcionalidades imprescindibles para conocer y analizar la efectividad de nuestros envíos, y estas funcionalidades siempre serán superiores a las que pueda tener la aplicación de la tienda online. Por tanto, aunque por comodidad podríamos utilizar la propia aplicación de tienda online como gestor para el envío de correos electrónicos a nuestros suscriptores, mi recomendación es utilizar una plataforma específica para tal fin.

Existen numerosa aplicaciones en modo SaaS (software como servicio), es decir, aplicaciones web que nos permiten tener nuestras listas de contactos, crear campañas de envío de correos, construir los boletines, enviarlos y analizar las estadísticas de aperturas y clics sobre los enlaces contenidos en el boletín, todo vía web y por un coste muy razonable, que en el caso de una tienda online pequeña que está empezando es gratuito. Casi todas las plataformas profesionales disponen de un plan de servicio inicial por el que no cobran hasta un número determinado de envíos al mes lo de suscriptores.

A continuación un artículo escrito por la empresa MDirector (Grupo Antevenio) sobre el email marketing para el móvil. Se trata de un tema al que cada vez deberemos prestar más atención como menciono en el apartado final de tendencias en el comercio electrónico.

¿Cómo crear una campaña de email marketing específicamente diseñada para el móvil?

El móvil ya es una parte fundamental de nuestras vidas y lleva camino de convertirse en la pantalla de conversiones de cualquier campaña de email marketing. Los usuarios de internet móvil sobrepasarán a los de equipos de escritorio a finales de este 2014. De hecho, cada día se activan ya más móviles en el mundo que el número de bebés que nacen.

Por ello, adaptar las campañas de email marketing al entorno móvil ya no es sólo necesario sino imprescindible. Al menos si no quieres perder ese 70% de usuarios que borran los mensajes o el 20% que se da de baja de la suscripción cuando los emails no se muestran correctamente en su móvil.

Garantizar una buena experiencia a un usuario cuando recibe nuestras campañas pasa, en primer lugar, por un diseño escalable. Hay varias formas de conseguirlo pero la más utilizada en la actualidad es el diseño adaptativo (responsive) que se basa en el uso de HTML5, CSS3 y JavaScript combinados con media queries, que dan unas normas al dispositivo para que se muestre de distinta manera según su ancho de pantalla.

Además, el diseño debe ser fluido de manera que el ancho del email reaccione de forma sencilla al dispositivo desde el que se abre ajustándose al espacio disponible. La clave está en definir los anchos en porcentajes relativos en lugar de con unas medidas fijas, siempre teniendo en cuenta que el máximo ancho debe ser de 600 píxeles. Por lo tanto, la presentación de un email destinado a ser visualizado en el móvil es mejor que se base en una estructura lineal simple de una sola columna y evite todos los elementos que sean superfluos.

Otro factor a tener en cuenta es el hecho de que son dispositivos táctiles por lo que el tamaño de la letra debe ser mayor o, al menos, permitir que se escale para una mejor visualización y los botones deben ser más grandes, fundamentalmente aquellos que incluyen la llamada a la acción principal.

También debe dejarse un espacio mayor entre los elementos que facilite pulsar sobre los enlaces, una acción que parece sencilla pero que se vuelve más compleja cuando pasamos de diseñar para un cursor a diseñar para un dedo. La recomendación de Apple es que sean superiores a 44x44 píxeles.

Más allá del formato, también deben adaptarse los elementos creativos de una campaña de email marketing al entorno móvil. Por ejemplo, las líneas de asunto tienen que ser optimizadas para su visualización en dispositivos móviles tratando de que no superen los 60 caracteres.
Las imágenes, por su parte, además de estar optimizadas a una resolución de 72 píxeles por pulgada y pesar menos de 50 Kb. deben establecer su ancho de manera porcentual. Y, por supuesto, los mensajes deben ser cuanto más claros y concisos posibles, mejor.

Para finalizar, no tendría sentido que el contenido de un email adaptado al móvil enlace con una página de destino que no se adapte o no responda a la experiencia del usuario en estos dispositivos. El diseño responsive *de una* landing page *(página de aterrizaje) debe buscar la usabilidad en estos dispositivos evitando elementos como los formularios interminables que no suelen funcionar al acceder desde móvil ya que se multiplica la dificultad y el tiempo de rellenar todos los datos.*

9.7.5   Google Shopping y Google Adwords

Hoy por hoy en España (y en una gran mayoría de países) Google es el buscador dominante con cuotas por encima del 90%, así que debemos hablar de Google si queremos conseguir tráfico para nuestra tienda. Google tiene un servicio de publicidad contextual llamado Google Adwords, que nos permite insertar anuncios de texto o imagen en los resultados de búsqueda del propio Google y también en espacios de webs que tienen incluida la publicidad gestionada por Google (Adsense).

De cara al comercio electrónico hay un servicio relacionado con la publicidad GAdwords que consiste en anunciar productos concretos con todos sus datos y precio dentro del apartado de productos de Google como una extensión de tu propia tienda. Esto es lo que se conoce como "anuncios de producto". Estos anuncios saldrán en los resultados de búsqueda de Google permitiendo a los usuarios pinchar en el anuncio y comprar directamente en tu tienda online. Ver imagen siguiente:

Adicionalmente Google Shopping es el espacio de G. reservado para búsqueda de productos exclusivamente. Tanto en uno como otro caso, competimos con otros anunciantes en modo subasta, de forma que quien más paga, mejor posicionado sale y más posibilidades tiene de vender. También hay que tener en cuenta que si G. muestra los productos de varias tiendas, el usuario tenderá a pinchar en el de menor precio. Esto significa que para competir en Google Shopping es imprescindible tener el mejor precio o no tener competencia en la publicidad de los productos, algo que puede llegar a ser muy complicado en algunos casos.

Si estás interesado en realizar este tipo de publiciad combinada entre GAdwords y GShopping es necesario darse de alta en el área Google Merchant Center. Tienes los datos en la página de recursos.

9.7.6   Afiliación

La afiliación es el sistema por el que se remunera a una web por enviar un cliente a otra web. Esto lo podemos hacer directamente o a través de empresas intermediarias especializadas en la gestión de programas de afiliación y que se encargan de conseguir los afiliados.

Para poner en marcha un programa de afiliación necesitas:

- tu aplicación debe permitir esta funcionalidad o poder añadirla de alguna manera mediante extensiones funcionales o similar.
- recursos para realizar imágenes y banners publicitarios.
- recursos económicos para invertir en la campaña: las empresas intermediarias tienen unos costes fijos que debes sufragar de forma independiente al coste variable por las ventas conseguidas con la campaña. Si lo haces directamente de forma discreta te puedes ahorrar esa

118

inversión aunque tendrás que pensar en cómo vas a conseguir afiliados que quieran mostrar tu tienda y tus productos en sus sitios web.

Este tipo de marketing está reservado a proyectos grandes por esos motivos y porque antes se han debido dar todos los pasos necesarios para optimizar la tienda online, las conversiones de las visitas, el tráfico orgánico (SEO) y se está trabajando sobre el resto de áreas del marketing con eficacia.

Podríamos decir que es el último paso del marketing como tienda online que busca clientes. Esto no quiere decir que debamos descartar la afiliación, pero no será una de las actividades del marketing a la que le dediquemos los esfuerzos inicialmente.

La remuneración asociada a ventas puede ser por una cantidad fija según el importe de la venta, o un porcentaje de la misma. La remuneración puede ser sólo por el importe de la primera venta o por el importe de todas las ventas realizadas a ese cliente a lo largo de un tiempo. Ten en cuenta que cuanto mayor sea la remuneración más interesante será para los afiliados conseguirte clientes y más empeño pondrán en ello. Aquí tengo que recordar el apartado de la gestión de precios en la que hablaba de tener en cuenta los gastos variables asociados a las ventas a la hora de poner los precios. Si hemos ajustado mucho el precio de nuestros productos podemos encontrarnos un problema para reducirlos en un porcentaje para pagar al afiliado y otro porcentaje si el producto está rebajado o en oferta. Así que mucho cuidado con los cálculos de la rentabilidad de un programa de afiliación.

En el caso de una venta por afiliación también hay que tener en cuenta que antes de asignar la remuneración a la web que te ha traído el cliente debe pasar el tiempo máximo que tiene el cliente para devolver su compra, ya que no querrás pagar por un cliente que al final te devuelve su pedido y no ganas nada.

10. Mobile e-commerce

Para que las estadísticas no mientan hay que analizarlas bien, pero no hay duda de que cada vez hay más navegación a través de dispositivos móviles, bien sean teléfonos *smartphones* o tabletas de diverso tamaño. Una tienda online con actividad en redes sociales es normal que tenga alrededor de un 25% de su tráfico con origen en dispositivos móviles. A partir de esta cifra hay que tomarse muy en serio el comercio móvil. Los diseños de las tiendas online están optimizados para una navegación completa en una pantalla grande, pero debemos pensar también cómo hacer para que las visitas a través de pantalla pequeña y navegadores más modestos puedan comprar, o mejor dicho, les apetezca comprar. La compra más compulsiva se realiza a través del móvil, así que hay que aprovechar estas visitas móviles que son oportunidades de venta.

Tenemos varias opciones para mejorar la experiencia de usuario en el móvil o tableta que vamos a ver a continuación.

Diseño adaptativo o "responsive": consiste en un diseño web que se adapta en función del tamaño del navegador, reposicionando determinados elementos y ocultando el menú principal tras un icono. Los elementos de la página se alinean en vertical para que no exista barra de desplazamiento horizontal y el tamaño del texto es legible sin necesidad de realizar zoom sobre la página. Esta solución es la más inmediata para disponer de una web móvil y suele ser suficiente si el objetivo es permitir la navegabilidad web en dispositivos móviles, pero no es una buena solución orientada a la conversión porque los elementos de la web original están pensados para navegador completo y uso en pantalla grande por lo que por mucho que se adapte la experiencia de usuario se queda corta.

Versión móvil de la tienda online: esta debería ser la opción elegida por una tienda online que sea capaz de convertir a ventas las visitas de dispositivos móviles. El inconveniente es que exige un desarrollo alternativo cuyo coste es necesario asumir de forma independiente al coste del desarrollo de la interfaz web convencional.

Sea cual sea nuestra modalidad de versión móvil de la tienda online, siempre conviene permitir que el usuario pueda cambiar a la versión convencional de la tienda y que algunos usuarios se sienten más cómodos con la navegación completa, o utilizan dispositivos móviles como tabletas de gran tamaño que les permiten navegar con la misma comodidad que un pc.

Aplicación móvil: dependiendo del sector en el que nos encontremos el uso de aplicaciones móviles (nativas o no) es una alternativa de mucho éxito sobre todo para compras recurrentes o realización de reservas en el sector del ocio, restauración, hoteles y viajes. Es una alternativa interesante pero el coste de desarrollo es elevado y debemos estar muy seguros de que realmente necesitamos una aplicación móvil propia para vender antes de decidir su puesta en marcha.

Medios de pago específicos para móvil: existen medios de pago gestionados por empresas que están específicamente pensados para dispositivos móviles, y facilitan la conversión final a ventas disminuyendo el abandono de carros de la compra por no disponer de un sistema factible de pago desde un móvil. En el caso de disponer de una versión móvil específica de nuestra tienda online conviene repasar las posibilidades que nos ofrecen los servicios de pago que nos pueden ayudar a mejorar la conversión con respecto a las posibilidades de pago habituales.

Del mismo modo que tenemos dos webs diferentes según el tipo de acceso del usuario, podemos dividir nuestra estrategia de marketing online según vaya dirigida a usuarios de pc o usuarios móviles. Como ejemplo podemos poner el email marketing. Casi todas las aplicaciones de email marketing nos permiten crear grupos de suscriptores en función de una serie de variables o estadísticas que nos facilita la propia herramienta. Una de estas variables es el dispositivo de acceso del usuario. Podemos crear un grupo especial en la herramienta de envío de boletines por correo electrónico para todos aquellos que abren nuestros boletines desde un móvil, y enviarles una oferta especial sólo para ser utilizada desde el móvil. La vinculación y conversión de este tipo de acciones suele estar por encima de la media por lo que si disponemos de una web móvil independiente con un buen sistema de pago adaptado a la pequeña pantalla, conviene considerar estas estrategias.

10.1   Fuentes de origen de visitas móviles

¿De dónde provienen las visitas con origen en dispositivos móviles? Nos encontraremos que las fuentes son similares a las de navegadores completos de pc, pero es habitual un sesgo en favor del origen en redes sociales como Twitter, Facebook, Instagram o Pinterest ya que son redes sociales muy bien adaptadas a los móviles y que el usuario está habituado a consultar desde sus móviles y tabletas.

Es importante tener en cuenta este aspecto porque no todas las fuentes de tráfico convierten igual de bien. Si los usuarios móviles provienen sobre todo de Facebook o Twitter (algo muy habitual), tendremos que favorecer la interacción de dichas redes sociales en la versión móvil de nuestra web, realizar promociones especiales válidas sólo si se viene de esas redes y cosas parecidas.

Desde el punto de vista de qué tecnología utiliza el usuario móvil, conviene analizar las estadísticas porque nos podemos llevar algunas sorpresas y descubrir que una gran mayoría de los usuarios móviles utilizan dispositivos de de un tipo y marca concreto.

11. Análisis de datos

11.1   Gestión de carros abandonados

La gestión de carros abandonados es una de las cosas a las que muchas tiendas online no prestan demasiada atención y sin embargo pueden ser una importante fuente de ingresos además de una vía de fidelización de nuevos clientes.

Consideramos carro abandonado aquél carro o cesta de la compra que ha comenzado el proceso de *checkout* incluyendo los datos del usuario pero finalmente no ha terminado la compra. Siendo puristas, el carro abandonado es cualquiera cuyo usuario haya pulsado en "comprar" o "añadir al carro" y luego se marcha sin hacer *checkout*, pero estos usuarios son más complicados de gestionar porque no están identificados. Lo único que podemos hacer para estos casos es detectar si el usuario se marcha de nuestra tienda y antes de que se vaya mostrarle una ventana emergente para retenerlo, pero esto es una práctica un poco invasiva y por tanto no siempre recomendable.

Con los carros abandonados cuyo usuario se ha identificado sí que podemos hacer muchas cosas. Desde enviarle un correo electrónico invitándole a que termine su compra y ofreciéndole ayuda si ha tenido alguna incidencia, hasta enviarle un cupón descuento para que termine la compra, con la excusa de que es su primera compra.

En los casos en los que optemos por enviar un correo electrónico para invitar a terminar la compra o a solicitar ayuda en caso de que haya tenido alguna duda o dificultad, lo más efectivo es enviar dicho correo durante la hora siguiente al abandono del carro. Se puede enviar un segundo y hasta un tercer correo unos días después. En principio dos correos de recordatorio deben ser suficientes, si el usuario no ha comprado por algún motivo que él tiene muy claro y no le aportamos nada nuevo con los correos electrónicos de recordatorio podemos estar produciendo el efecto contrario al deseado.

Muchas de estos abandonos se producen por simulaciones de compra para conocer los gastos de envío, incluso cuando dichos gastos constituyen un importe fijo para todas las compras o si son gratis, el usuario no tiene por qué estar convencido, puede tener dudas, o simplemente no ha leído el mensaje de información sobre los gastos de envío aunque a nosotros nos parezca que lo hemos destacado claramente.

En otras ocasiones el usuario ha sufrido una incidencia en el momento de intentar realizar el pago. Esto es más frecuente de lo que parece por lo que en el correo de recordatorio de carro abandonado conviene ofrecer ayuda en este sentido.

La gestión de los carros abandonados no nos tiene que llevar mucho tiempo, de hecho muchas aplicaciones permiten automatizar esta gestión, y el resultado puede ser muy beneficioso en conversiones. Recuerda que no sólo ganas una venta, ganas un cliente al que puedes fidelizar y que puede volver a comprar.

11.2   Analítica web

El primer capítulo de este manual debería ser el de analítica web. Medir es tan importante y fundamental que si no medimos nunca sabremos en dónde podemos mejorar o por qué no vendemos lo que esperamos.

Desde el primer día hay que realizar las configuraciones de las estadísticas web lo mejor posible para medir todo lo que pasa en nuestra tienda. No sólo se trata de saber de dónde vienen los usuarios, cuánto tiempo pasan en la web y si compran. Hay muchas cosas que podemos saber con una buena configuración y análisis de las estadísticas relativas al tráfico web como por ejemplo:

- de dónde vienen los usuarios (qué páginas de referencia) y por qué.
- de dónde vienen los clientes y qué buscan.
- qué productos o categorías se venden más.
- cuánto tiempo pasa el usuario en la tienda antes de comprar.
- qué productos podemos vincular o relacionar para ser comprados de forma conjunta e invitar a ser comprados por los clientes que compren otros productos.
- cuál es la rentabilidad de cada una de nuestras campañas de marketing.
- qué dispositivos utilizan los usuarios y clientes para acceder a nuestra tienda.

- cuál es el camino recorrido por los usuarios cuando finalmente compran (embudo de conversión que veremos a continuación).
- días transcurridos hasta la compra desde la primera visita del usuario.

Toda esta información podemos aprovecharla para mejorar los resultados de nuestra tienda. Si sabemos lo que sucede y cómo sucede podemos potenciar los canales, medios, promociones, campañas, etc., que mejor funcionan y cambiar las que no lo hacen optimizando el uso de recursos, ahorrando dinero y ganando más.

Los valores que analizamos para conocer la efectividad de nuestro negocio se llaman KPI (del inglés *Key Performance Indicator*) que vienen a ser las variables clave que nos indican lo que ocurre en nuestra tienda. Pueden ser datos numéricos, porcentajes o comparaciones de métricas, no sólo valores absolutos. Con estos KPI podemos hacer una tabla y ver su evolución en el tiempo y cómo su variación hace que mejoren (o no) los resultados de nuestra tienda online.

Algunos KPI que deberíamos tener en cuenta en cualquier tienda online, además de las cuestiones mencionadas anteriormente. Todas juntas nos darán la mejor información para mejorar los resultados:

- nº de visitas.
- nº de páginas vistas por visita .
- porcentaje de rebote (usuarios que nada más entrar se van si visitar más páginas).
- tiempo de permanencia en la tienda.
- origen de la visita .

- palabras clave de las visitas con origen en buscadores.
- rebote por palabras clave de origen.
- porcentaje de visitas nuevas: si el usuario tiene activadas las cookies en su navegador podremos saber si es la primera vez que nos visita o no, y eso queda reflejado en la analítica web.
- evolución de las suscripciones al boletín por correo electrónico.
- tique medio de cada venta.
- coste de adquisición de usuario registrado.
- coste de adquisición de cliente.
- porcentaje de conversión (a ventas u objetivos intermedios) con respecto a las visitas totales y visitas nuevas a la tienda.
- tráfico por país o zona geográfica.
- conversiones por país o zona geográfica.
- ROI de cada campaña de marketing: es decir, el retorno de la inversión en porcentaje, por cada euro que inviertes, cuántos euros ganas.

Vamos a ver a continuación algunas cosas más relativas a la analítica web.

11.2.1   Marca de objetivos

Los objetivos en comercio electrónico no sólo están en la venta como tal, sino en pasos intermedios. Además, ahora vamos a considerar los objetivos no tanto objetivos de rendimiento económico directo (que son las ventas) sino como puntos de medición para saber lo que ocurre con nuestra tienda y nuestras campañas de marketing.

127

Los objetivos son marcas que realizamos en la configuración de nuestras analítica web para medir el resultado de nuestras acciones o medir las consecuencias de lo que ocurre una vez que un usuario entra en nuestra tienda.

Algunos como objetivos podemos marcar:

- las *landing-page* o páginas de aterrizaje que tengamos creadas para campañas de marketing o enlazadas en notificaciones al usuario en la propia tienda: aunque en las estadísticas de tráfico podemos saber cuántas visitas han llegado a esa página el marcarla como objetivo nos permitirá después trazar la conversión de dicha campaña y el recorrido que ha hecho el usuario hasta salir de nuestra tienda.
- el uso del buscador interno de la tienda.
- llegada a la página de registro
- el blog propio como origen de una visita a la tienda
- página de visualización del carro de la compra o primera página del checkout

Con estos valores junto con el de las ventas finales podremos saber en qué punto del trayecto hasta la venta, o embudo de conversión, se quedan nuestros usuarios y dónde debemos fijar nuestra atención para mejorar la conversión de cada paso o conversión de objetivos para obtener más ventas.

11.2.2   Tasa de conversión

La tasa de conversión es el primer valor que nos podrá hacer pensar si estamos haciendo las cosas bien o tenemos algo que está dificultando las ventas. Se mide como ventas realizadas por cada visita obtenida en la tienda. El valor resultante es un porcentaje.

¿Cuál debe ser la tasa de conversión? Hace poco hicimos una encuesta en Loogic para preguntar la tasa de conversión de manera anónima en el comercio electrónico español. Lo primero que tengo que decir es que los resultados son meramente orientativos pero sí nos sirven de base para poder determinar si nuestra tienda online está en sintonía con el mercado. Hay sectores como el de comida a domicilio que pueden llegar a tener una conversión rondando el 10% lo cual es tremendamente alto, pero eso no va a ser la tónica general.

Si buscamos información en internet sobre tasas de conversión localizaremos rápidamente los estudios de tasa de conversión realizados sobre las tiendas online de mayor tráfico y más famosas. Y nos dirán que superan el 5%. No te fíes. En primer lugar porque esos estudios pueden estar sesgados por las propias grande compañías que quieren presumir de éxito, y en segundo lugar porque no se puede comparar la tasa de conversión de una marca de reconocido prestigio internacional con el de una tienda online modesta y normal.

Por otro lado, algunas tiendas online tienen picos de consumo estacionario por las características del producto que venden, con lo cual es importante contextualizar los distintos valores de tasa de conversión.

Así que sabiendo todo esto puedo decir que una buena tasa de conversión está entorno al 2% aunque eso no quiere decir que valores inferiores sean necesariamente malos. Tendrás que relacionar tus datos de acuerdo al tipo de producto que vendes y al origen del tráfico. A partir de ahí, el estudio en profundidad de los objetivos anteriormente definidos, el embudo de conversión y los KPI te darán la respuesta de si son buenos o malos tus datos y qué hacer para mejorarlos.

12. Internacionalización

La internacionalización de una tienda online la podemos ver desde distintas perspectivas. Por un lado puede consistir en vender fuera desde la misma tienda (o sus versiones idiomáticas). Otra opción más compleja es la de disponer de presencia real en otros países, sobre todo pensando en la parte de logística y tiempo de espera del cliente para recibir sus compras. Para las tiendas convencionales de productos el modelo más habitual es el de vender desde España al resto del mundo. Las grandes empresas con grandes presupuestos de marketing sin embargo lo que hacen es tener presencia en los países en los que quieren convertirse en jugadores relevantes y tener una buena cuota del mercado local. Son dos estrategias bien diferentes con objetivos distintos y desde luego con presupuestos distintos.

Este manual pretende ser una herramienta para el comienzo de una tienda online y mejora de una tienda joven, así que el caso que voy a contemplar es el de vender fuera desde España sin disponer de estructura ni un plan estratégico de marketing por países con sus correspondientes presupuestos y objetivos.

En este terreno hay tiendas online españolas que se han internacionalizado con éxito. Ahora mismo se me ocurre destacar al grupo de tiendas de Tradeinn.com que vende más fuera de España que dentro o Aceros de Hispania, que desde una pequeña localidad de Teruel vende a cerca de 100 países diferentes.

En la internacionalización de una tienda online hay cuatro factores importantes a tener en cuenta:

- Idioma: utilizar el idioma del cliente favorece las ventas. Esto no quiere decir que tengamos que traducir toda nuestra tienda a decenas de idiomas diferentes para vender fuera, puede bastar con traducirla al inglés. Si queremos tener una fuerte presencia en determinados países será necesario la traducción adicional a los idiomas correspondientes, pero como primer paso se puede empezar a vender fuera con una traducción al inglés.

- Moneda: en este caso conviene mostrar la equivalencia de los precios en la moneda del cliente. Tenemos la ventaja de que toda la Unión Europea (excepto Reino Unido) utiliza la moneda EURO, con lo cual esto ya lo tenemos resuelto para una gran cantidad de países.

Como mención adicional aquí el tema del IVA aplicable y la tributación. Te remito a la sección de impuestos donde está comentada la venta internacional. Y aquí mismo encontrarás a continuación un extenso artículo sobre el pago de impuestos en las ventas internacionales.

- Transporte: tendrás que disponer de una tabla completa de precios de transporte según pesos (tamaños) y destinos, e informar claramente al usuario de cuál es el precio de transporte que se le aplicará. En este sentido, no intentes utilizar un sólo proveedor de servicios de transporte para todas las localizaciones internacionales y para cualquier tipo de paquete ya que es imposible que un mismo proveedor te ofrezca el mejor precio para todos los tramos de peso y para todos los países de entrega.

- Soporte: el soporte al cliente es importante y deberás ofrecerlo en el idioma en el que tienes la tienda. Ten en cuenta este punto porque necesitarás contar con alguna persona que se desenvuelva lo suficiente en el idioma correspondiente.

A continuación puedes leer una breve entrevista que he realizado a Ricardo Lop de Aceros-de-Hispania.com sobre diversos temas de internacionalización. Su opción ha sido la de traducir la tienda sólo al inglés y mostrar los precios en la moneda local del cliente previamente geolocalizado en función de su IP de conexión con la tienda, lo que genera una gran confianza en el usuario.

Pregunta: ¿Por qué internacionalizarse?
Respuesta: Nosotros no lo hemos considerado como algo especial sino que hemos permitido que la gente compre desde cualquier sitio como algo normal. La pregunta sería al revés, ¿por qué no vender fuera? Sólo hay que tener en cuenta las trabas aduaneras si las hay, los medios de pago locales y el transporte, pero todo eso se puede solucionar.

P: ¿Cómo dais soporte al cliente internacional?
R: Lo primero es reducir las consultas que llegan. Para eso contestamos las preguntas más frecuentes que tienen los compradores directamente sobre los productos que están comprando. Esto es todo lo relativo a precio del transporte e impuestos. Además el usuario puede traducir la web con Google Translator que es suficiente para entenderlo todo. Si generas confianza en el usuario las consultas se reducen. A partir de ahí el soporte lo damos en español y en inglés, y suele ser suficiente

para entenderse con el cliente porque al final las consultas son siempre muy parecidas.

P: ¿Cómo actuáis frente a la competencia exterior?

R: Lo que hacemos es buscar nuestra mejora competitiva, en este caso con la logística. Intentamos ser los mejores en el precio de transporte y eso nos da una gran ventaja. Ahora además nos comprometemos a mejorar nuestro precio lo máximo posible si encuentras el mismo producto más barato en otra tienda. Al final lo que ocurre es que le mostramos al usuario que nuestros gastos de envío son menores y el precio final que paga no es mayor que el de otra tienda y acaba comprando con nosotros. Otras veces no se podemos hacer nada por ajustar el precio y no se realiza la venta pero siempre obtenemos información de lo que está haciendo la competencia al respecto, y nos lo cuentan los usuarios. Estamos pendientes de lo que hace la competencia pero sin preocuparnos demasiado intentando mejorar nuestros costes para ser más eficientes.

P: ¿Por dónde empezarías la internacionalización de una tienda online?

R: Empezaría por conocer bien las trabas aduaneras para los países de fuera de la Unión Europea y cualquier otra restricción que sea realmente un problema que impida la venta de tu producto fuera. Y después el contacto con las empresas de transporte para tener la tabla más completa de precios de transporte por pesos y destinos.

P: Para terminar qué le dirías a los lectores del Manual para Tiendas Online de Loogic.

R: Que no miren el mercado internacional como algo diferente del mercado de Burgos y que si hay problemas relacionados con la logística que los solucionen, que siempre hay solución.

A continuación hemos solicitado la colaboración de Juan Carlos Aguiló de Perfumesclub.com Se trata de una tienda online de perfumes con un gran éxito que vende de forma especializada en cerca de 10 países diferentes. Nos cuenta su proceso y experiencia en la internacionalización:

A través de esta guía, quiero ayudarte a internacionalizar tu proyecto con las pautas necesarias para conseguir proyectar tus éxitos en el tiempo y coste más coherente. Este apartado está basado en experiencias E-commerce, donde la venta de producto, reconocimiento y la rentabilidad de marca es el máximo objetivo para tu negocio.

Análisis DAFO

¿Has analizado el entorno donde te vas a mover durante tu internacionalización? Realiza un análisis dafo y deja estipulados todos aquellos puntos de conflicto tenidos en cuenta en tu análisis para sacar conclusiones del mercado semanas después del lanzamiento y durante el recorrido de la misma.

Etapas de un proyecto: Debido a que el mundo online cambia día a día, cada uno de los productos, campañas, o públicos objetivos deben tener un análisis dafo de las dimensiones necesarias ya que siempre podrán ser medibles a corto, medio y largo plazo.

Cada una de las fortalezas y debilidades especificadas, junto con las oportunidades y amenazas que surjan del análisis del mercado y su entorno, nos aportaran los cimientos necesarios para poder realizar la radiografía de tu empresa y así ayudar a conseguir los objetivos y estrategias de tu plan de internacionalización. Aquí os dejo una seria de ejemplos, donde aporto ideas y posibilidades.

Fortalezas:
- *Capacidad de absorción de trabajo, recursos disponibles, posiciones obtenidas, ventajas competitivas que posee la empresa y que le ayudarán a aprovechar las oportunidades del mercado y diferenciarse de la competencia.*
- *Tipo de producto y su predicción de consumo.*
- *Catálogo de producto propio o externo con acceso directo.*
- *Servicio Att Cliente personalizado por cada uno de tus idiomas.*
- *Creación de una web por idioma y target de producto.*

Debilidades:
- *Todos aquellos puntos que limitan o reducen la capacidad de desarrollo de tu empresa tienen la posibilidad de eliminarse o potenciarse con la detección y optimización de cada uno de ellos de forma lógica y necesaria. "Si no puedes con tu enemigo, únete a él".*
- *ERP – Control y gestión de tu producto.*
- *Canales de Venta o distribución.*
- *Políticas de servicio por país.*

Amenazas:
- *Son las fuerzas y presiones externas que se producen en el mercado u entorno que dificultan o frenan el crecimiento de tu negocio por las acciones emprendidas por terceros o cambios en el forma de actuar del mercado en el que trabajas.*
- *Infracción de políticas de marca.*
- *Infracción en la política de agotamiento comunitario.*

- Problemas de control Fraude (seguridad y viabilidad).
- Servicio Logístico e Logística Inversa.

Oportunidades:
- Son aquellos aspectos que puedan representar una posibilidad para mejorar la rentabilidad de tu negocio, aumentar su cifra de negocio y fortalecer su ventaja competitiva respecto a tus competidores haciendo de tu empresa "una empresa sostenible en el tiempo".
- Canales de venta (innovación).
- Acuerdos con empresas nativas de difusión.
- Partners Logísticos Nativos.

Qué debo preguntarme antes de internacionalizar mi negocio.

Si estas a punto de iniciar tu expansión internacional y nos has sabido contestar o definir cuáles son tus puntos fuertes / débiles de tu negocio, no debes empezar. Un paso atrás pueden suponer una mayor rentabilización de las primeras inversiones – ROI inmediato y buen feedback de los clientes. En este punto comento varias de las preguntas que te debes hacer antes de dar el pistoletazo de salida:
- ¿Tengo una web según las características que exige mi mercado?
- ¿Dispongo de los sellos de seguridad y aspectos legales de partners nativos?
- ¿Dispongo de un producto o servicio competitivo en el mercado/s elegido/s?
- ¿Tengo un margen suficiente para promocionar mis productos según competencia en precios?
- ¿Cuáles son los riesgos u obligaciones económicas y legales del país elegido?

- *¿Los productos que yo vendo, tienen una cuota de mercado considerable según la competencia?*
- *¿Debo penetrar el mercado solo o debo buscarme partners locales para distribuir o invertir?*
- *¿Cuento con recursos humanos y financieros para realizar la penetración del mercado?*
- *¿Dispongo del equipo necesario para atender a las necesidades de los usuarios / partners nativos?*
- *¿Tengo claro qué canales debo elegir para posicionar mi productos en este mercado?*
- *¿Cuál sería el posicionamiento de mi producto o servicio según la competencia?*
- *¿Cuáles son los medios de pagos más utilizados según los mercados?*
- *¿El servicio logístico que estoy prestando a mis clientes, es competitivo?*
- *¿Con qué apoyos y ayudas institucionales cuento para iniciar mi internacionalización?*
- *¿Puede mi empresa responder a un aumento de la producción o suministro?*

Si alguna de estas preguntas has obtenido una respuesta negativa, y has temido por la rentabilidad, tu producto, tu competitividad, tu respaldo económico y social, no lo dudes, revisa qué opciones te plantea el mercado y que acciones debes emprender para adecuarte a una media alineada con tu competencia.

No solo vende el más barato o el que mejor logística o servicio tiene. El cliente debe entender que tu empresa además de un servicio (competitivo) ofrece garantía y seguridad intentado en todo momento diferenciarte de la competencia con detalles que sean percibidos por el usuario.

Algunos ejemplos como: el diseño web, programas de fidelización, publicidad comportamental y más aspectos que deberás tener en cuenta para dar la máxima confianza a un cliente que desconfía de los partners externos a su país de origen… contando que no tienes una masa crítica donde apoyarte.

Si necesitas más preguntas, debes analizar tu producto e imaginarte una cadena del proceso que seguirás desde la adquisición de un producto para su venta, pasando por el detalle del servicio hasta la entrega del producto en el domicilio de tu cliente.

Formas de pago nativas. Fraude y confianza.

En cada uno de los países de UE existen diferentes formas de pago, sellos de verificación y confianza en los productos y servicios que vende el comercio, herramientas de lucha contra el fraude y otras acciones que deberemos conocer para minimizar el porcentaje de rebote y la desconfianza y maximizar así los porcentajes de conversión de nuestra tienda online.

Plataformas de agrupación de pagos con sistema de pago nativos ya enlazados:
- *https://www.adyen.com*
- *https://www.hipay.com/*
- https://trustly.com *(nota: también opera en España)*

Sellos de confianza, seguridad y Valoraciones de Clientes.
- *trustedshops.com*
- *ekomi.com*
- *ehi.org*

Sellos como los de Ekomi y Trusted puede hacer que en campañas de SEM y SEO se visualicen las opiniones de tus clientes debajo de tus propios anuncios.

Hay que trabajar sobre la mejora del espacio que ocupas, la imagen que trasladas y tener como objetivo ir aumentando del CTR en las campañas ya que el porcentaje que asignan los motores de búsqueda a campañas con mejor CTR es mayor. Un mejor CTR te da la posibilidad de negociar a la baja según el acuerdo que tengas con tu proveedor o según el buscador donde te estés publicitando.

Aunque estos servicios suelan contratarse en condiciones de volumen (para establecer una tarifa coherente a cada partner) deberemos tener en cuenta las condiciones contractuales de cada mercado o partner para no llevarnos un susto y caer en problemática que no tuvimos en cuenta como es el sobre coste en aplicaciones de mercados que no son rentables (esto pasaría si tuviéramos un lanzamiento multi país).

Tributación

En el comercio electrónico pueden devengarse dos tipos de tributos: tributación directa e indirecta.
Respecto a la tributación directa, se sujeta en el país de origen por todas las rentas obtenidas por la empresa. Dependiendo del tipo de implantación en el país de destino, podría sujetarse las rentas obtenidas en dicho destino. Si la comercialización se realiza por medio de una entidad local o por medio de establecimiento permanente, dichas rentas están sujetas a los impuestos personales locales, según su legislación. Debido a las grandes diferencias de tributación que se observan en las distintas jurisdicciones fiscales, debe hacerse un estudio profundo sobre las ventajas fiscales que ofrecen ciertos países al

establecimiento de empresas en su territorio. Se puede solicitar más información en http://www.icex.es/icex/es/index.html

Los impuestos pagados en el país de destino se podrían deducir de los impuestos pagados por la empresa en España, en concepto de deducción por doble imposición. Deben tenerse en cuenta los convenios de doble imposición entre ambos países, en el caso de que existan. Si la actividad no se realiza de la forma descrita, es decir, sin establecimiento permanente, toda la renta obtenida tributa en España.

Respecto a los impuestos indirectos debemos determinar si el país de comercialización pertenece a la Unión Europea. En ese caso las operaciones tributan al IVA español, pudiendo llegar a tributar en destino dependiendo del volumen de operaciones. No estarían exentas de IVA debido a que el destinatario final no es empresario o profesional.

En caso de entregas a terceros países no UE, dichas operaciones se consideran exportaciones, debiendo realizarse las formalidades establecidas en el Código Aduanero Comunitario. Dichas operaciones estarían exentas de IVA comunitario, aunque estarían sujetas a los impuestos indirectos y aranceles establecidos en la legislación local.

Respecto a otras obligaciones legales a la importación, debe consultarse la legislación específica de cada país. Dentro del Comercio Comunitario esta legislación está armonizada, en aras a la libre circulación de mercancías en el Espacio Económico Europeo. Fuera de este espacio, deberá estudiarse la legislación local de cada país, según el tipo de producto. Por ejemplo, no deberían exportarse bebidas alcohólicas a países islámicos, o, para este mismo producto, podrían existir impuestos especiales

sobre las bebidas alcohólicas. Sería recomendable disponer de asesoría legal especializada en el país de comercialización.
Soporte, ayuda y financiación

Cada uno de los mercados que estamos dispuestos a lanzar nos aporta una serie de cambios sobre nuestra manera de enfocar una negociación, campaña, inversión o financiación.
Para ello deberemos mediar con los distintos partners que nos facilitan información de todas las temáticas legales a los que nos podríamos enfrentar en cada uno de los mercados. En este punto recomiendo consultar la financiación oficial del ICO (ico.es) y los servicios de asesoramiento gratuito del ICEX (icex.com).

Campañas de lanzamiento

¿Estás preparado para lanzar tu comercio a un público desconocido? Si aplicas un marketing de guerrilla y basado en una acción comercial de peso, podrás lanzarla con mayor tranquilidad, ya que si cumples todos los puntos fuertes por los que se seduce a un nuevo cliente, no deberías obtener un mal resultado de tus campañas.

En mercados maduros, la legislación o políticas de tu comercio pueden derivar en un abandono masivo al no cumplir la legislación actual. Aquí te dejo varias opciones de campañas basados en ROI directo para que en el comienzo no necesites una inversión inicial de gran magnitud y puedas empezar a ver las posibilidades de tu negocio aprovechando la información recogida de las fuentes por las que has decidido apostar:
* *Campaña de SEO*
* *Campaña CPC Google – PLA (Google Shopping)*
* *Campaña CPC Google - Remarketing*
* *Campaña CPC Yahoo / Bing*

- *Campañas a través de redes de afiliación a CPA (coste por adquisición).*
- *Campañas con colectivos de empresas (Beneficios trabajadores).*

Algunas campañas como las asociadas a las plataformas de afiliación, son campañas de trabajo interno o contacto comercial y aportan una complejidad técnica a la hora de implantar varios de los procesos de control que nos exigen plataformas y partners. Para ello, en todo momento deberemos haber contado con personal cualificado tanto en conocimiento como en idiomas ya que dichos mercados necesitan interlocutores lo más cualificados posible.

Las redes de afiliación más populares son:
- *tradedouber.com*
- *zanox.com*
- *tradetracker.com*
- *afilinet.com*

13. Software para creación de tiendas online

Disponer de una tienda online puede ser algo complicado o algo muy sencillo. ¿Qué tipo de tienda online elegir para tu proyecto? ¿Aplicación como servicio o instalación en un servidor propio? En realidad no hay que tomar la decisión entre uno u otro tipo, sino que hay que evaluar todas las posibilidades en su conjunto, y de acuerdo a las necesidades del proyecto nos llegará la respuesta de qué herramienta utilizar, que en unos casos será un servicio online de tiendas online y en otros casos será una aplicación instalada en nuestro servidor. El mundo del software para creación de tiendas online en su conjunto es muy amplio, pero la parte buena es que es más o menos sencillo de seleccionar una aplicación si tenemos claros nuestros criterios de selección.

Los parámetros para la toma de una decisión pueden ser los siguientes:

- funcionalidad necesaria al inicio del proyecto y necesidades en un futuro próximo: ten en cuenta las características de tu modelo de negocio. No existe una receta para todos igual y sólo analizando tu modelo y tus productos es posible decidir si te vale cualquier aplicación o no.
- costes de instalación y mantenimiento (capacidad técnica necesaria para realizar modificaciones a lo largo del tiempo.
- dificultad de uso y aprendizaje.
- facilidad de ampliación de funcionalidad mediante extensiones, programaciones a medida, integración con otras aplicaciones de gestión, analítica web, etc.
- disponibilidad de una plantilla (aspecto) que se ajuste a nuestro proyecto.
- facilidad para gestionar los productos de la tienda.
- posibilidades de exportación de productos para migrar de tienda online.
- soluciones de medios de pago pre-instaladas.
- servicios de valor añadido que necesitamos por parte del proveedor de la tienda online.
- dependencia del proveedor para cambios, mantenimientos o migraciones.
- objetivos que se quieren conseguir con la tienda online (complemento de negocio, negocio propio, etc.)

La forma de elegir la herramienta más adecuada para nostros es disponer de una lista con un máximo de cinco opciones (lo mejor es quedarse con tres) entre todo lo que hemos visto y conocido, y responder a las preguntas anteriores para cada aplicación.

A esa lista de parámetros tienes que añadir cualesquiera otras condiciones que sean un factor limitante o imprescindible para tu tienda, y descartar aquellas opciones de aplicaciones que no pueden cumplirlas. Por ejemplo para mí una opción imprescindible es que la tienda sea llave en mano, es decir, que sólo tenga que subir los productos para empezar a vender, sin complicaciones de configuración de la plataforma.

A partir de aquí tenemos dos claros grupos de aplicaciones para tiendas online:

- aplicaciones online que se ofrecen como servicio (conocidas con las siglas SaaS del inglés *Software as a Service*). Pagando una cuota (normalmente mensual) tienes derecho a una tienda con unas determinadas características que se gestiona completamente online sin necesidad de preocuparte de servidores web, rendimientos, actualizaciones ni nada parecido.

- aplicaciones de código libre instalables en tu propio servidor: se entregan tal cual, son gratuitas y depende de cada uno la contratación de servicios para su configuración, personalización, etc. Suelen tener comunidades de usuarios con resolución de dudas y consultas generales. Si optamos por una aplicación de este tipo tendremos que contratar un hosting o alojamiento web donde instalarla.

Cualquier otra opción como aplicaciones comerciales instalables en tu propio servidor no son una alternativa a considerar en este momento.

13.1　Aplicaciones y servicios en modo SaaS

Existen más de una veintena de servicios de este tipo que se ofrecen en español. Dudo mucho que todos ellos perduren más allá de unos pocos años, porque un servicio SaaS sin un gran volumen de usuarios no es un negocio rentable. Esto significa que conviene escoger a una empresa que nos genere confianza, con buen soporte, e incluso que nos permita exportar nuestro catálogo de productos para el día de mañana evolucionar si queremos a una tienda online de otro tipo.

A los criterios anteriores para la elección de una aplicación para tienda online hay que añadir ahora que demuestre que da servicio a tiendas que están activas. En esta sección contamos con un patrocinador que es el líder del mercado español en servicios SaaS específicos para tiendas online según un informe de BBVA (referencia online para consulta en la página de recursos: "Cuántas tiendas online hay en España") realizado con la colaboración de Xopie.com (empresa adquirida recientemente por la francesa Oxatis). Incorporo aquí el artículo publicado en Loogic.com al respecto:

Estamos de enhorabuena porque el dato de cuántas tiendas online hay en España era algo más que una curiosidad por lo que supone de estimar el mercado de servicios asociados al comercio electrónico. Por primera vez se ha realizado una estimación del número de tiendas online existentes en nuestro país, gracias al trabajo de Xopie en colaboración con el Equipo de Tecnologías Digitales y Omnicanal de BBVA.

El estudio, separa el número de tiendas online estimadas según la tecnología utilizada por diversos capítulos: software libre, SaaS, hosting SaaS y marketplaces, y en total se estima en85.000 tiendas online.
Podemos ver que el líder en software libre con diferencia es Prestashop, sin duda una elección guiada por la facilidad de manejo junto con unas funcionalidades muy avanzadas. Se acaba de estrenar la versión 1.6 de Prestashop que aún no he probado pero la expectación ha sido muy alta y promete ser la primera de una nueva serie de versiones más avanzadas de esta plataforma.

El capítulo de tiendas SaaS lo lideran nuestros colaboradores de Xopie, seguidos muy de cerca de Ozongo. En el hosting SaaS la batalla entre los grandes es importante liderada por 1and1 y después por Arsys, ahora pertenecientes al mismo grupo empresarial.

Lo que me sorprende es ver la cantidad de vendedores en marketplaces que están estimados en 22.000. Desde luego el potencial de desarrollo de estos vendedores hacia su propia tienda online es muy interesante.

Por comparación con otros países europeos, en Francia se estiman 110.000 tiendas online y en Reino Unido 230.000.

N.B: Informe completo en la sección de recursos.

Personalmente también me inclino por seleccionar una empresa que ofrezca soporte específico en español para España. Por criterios de posicionamiento SEO en buscadores también es favorable que los servidores desde donde se prestan los servicios estén situados en España para que la dirección IP del dominio de nuestra tienda esté en España si nos dirigimos al mercado español.

Aunque antes ya he comentado los criterios generales para seleccionar una aplicación para tiendas online, si nos inclinamos por un SaaS siempre es necesario probar el servicio para conocer su funcionalidad y usabilidad. En caso de que tengas dudas entre varios servicios porque cumplan de sobra tus necesidades y expectativas, quédate con el que más sencillo te parezca de manejar.

13.2   Aplicaciones Open Source instalables

Las aplicaciones *open source* o de código libre son de libre descarga, uso y modificación por nuestra parte. ¿Por qué las aplicaciones de código libre no cuestan dinero? En algunos casos porque detrás del desarrollo hay comunidades de programadores que aportan sin ánimo de lucro, pero en los que hay empresas detrás del desarrollo es porque al liberar el código de las aplicaciones amplían su difusión y de esa forma atraen una gran masa de usuarios, un porcentaje de los cuales contratará sus servicios para soporte, mantenimiento, alojamiento web o desarrollos a medida sobre la plataforma original.

Hay otras aplicaciones de código libre para montar tiendas online, pero su menor especificidad, menor funcionalidad o mayor complejidad no las hace recomendables. A continuación tienes un pequeño apartado para las tres opciones que hoy en día reúnen las características para ser una buena opción.

13.2.1   WordPress

WordPress nació en el año 2003 como una aplicación para crear un blog. Con el tiempo se ha convertido en la aplicación más utilizada para crear webs, no sólo blogs, sino webs corporativas y de todo tipo de servicios gracias a sus extensiones o *plugins*. No es una aplicación por tanto pensada originalmente para un tienda online, pero dispone de algunos buenas extensiones para hacerlo, y por su simplicidad y facilidad de manejo son una buena alternativa para crear una tienda online de forma rápida y barata con bastante funcionalidad.

En el caso de utilizar WordPress el *plugin* o extensión más recomendado para convertirlo en una aplicación de gestión de tienda online es WooCommerce. Se trata de un *plugin* realizado por una empresa situada en Ciudad el Cabo (Sudáfrica) que se dedica a ofrecer servicios y *plugins* sobre WordPress. Dispone de forma gratuita de la extensión básica para tiendas online y después vende de manera independiente otras funcionalidades avanzadas. Recientemente se ha realizado una importante actualización del desarrollo.

Pros de WordPress + WooCommerce:

- interfaz muy sencilla de utilizar.
- panel de administración breve y concreto.
- necesarios pocos recursos de servidor inicialmente.
- sencillo de instalar, actualizar y añadir extensiones.
- sencillo de modificar el aspecto para cualquier desarrollador que maneje WordPress.

Contras de WordPress + WooCommerce:

- funcionalidades avanzadas no incluidas.

- pocas estadísticas de uso y ventas de la tienda.
- menos adecuado para grandes volúmenes de venta o importantes necesidades de personalización.

Web oficial en WordPress.org y en WooCommerce (WooThemes.com).

13.2.2   Prestashop

Es el más popular en España por ser una aplicación pensada para el comercio electrónico y relativamente sencilla de utilizar con unos recursos moderados. En el último año ha mejorado mucho su funcionalidad y usabilidad. Comenzó en el año 2007, cuenta con oficinas centrales en París y Miami, y ofrece servicios en España.

Pros de Prestashop:
- sencilla de manejar a la vez que tiene un alto grado de funcionalidad.
- necesita recursos moderados de servidor.
- disponibilidad de numerosos desarrolladores para adaptaciones y extensiones a medida.
- diseño de plantillas moderadamente sencillos de personalizar.
- disponibilidad de numerosos módulos de empresas y entidades de transporte y medios de pago para integrar de forma rápida.

Contras de Prestashop:
- muchas de las extensiones o módulos disponibles en el repositorio oficial no son aptas para la última versión o su funcionamiento no es correcto, incluso cuando se trata de módulos de pago.

Puedes visitar la web oficial en Prestashop.com

13.2.3   Magento

Se trata de la aplicación con mayor funcionalidad y versatilidad para el comercio electrónico, lo que la hace más completa que cualquier otra. Actualmente forma parte de la empresa estadounidense eBay. A nivel internacional es el líder en aplicaciones para tiendas online junto con Opencart.

Pros de Magento:

• ofrece la mayor funcionalidad avanzada y de configuración de forma predeterminada.
• administración y estadísticas muy completos.
• disponibilidad de numerosos módulos de empresas y entidades de transporte y medios de pago para integrar de forma rápida.

Contras de Magento:

• personalización de diseños compleja (más caro).
• desarrollos a medida complejos (más caros).
• disponibilidad limitada de desarrolladores para mejoras y funcionalidades a medida.
• consumo de recursos de servidor moderadamente altos.

Puedes visitar la web oficial en Magento.com

13.2.4   Opencart

Es junto con Magento un líder internacional para la puesta en marcha de tiendas online aunque es mucho menos popular que el anterior. En España es poco habitual encontrarse con él. Por funcionalidad y sencillez se parece más a Prestashop.

En este caso tengo que destacar los contras de la herramienta que son la inexistente comunidad y los pocos profesionales especialistas que hay en España para ayudar con ella. Aunque es sencilla de manjar aconsejo descartarla.

13.3   Vender en portales de agregación de productos y otros lugares

Muchos artesanos o personas que fabrican artesanía como divertimento comienzan a vender sus creación a través de portales de agregación de productos sin necesidad de tener una tienda propia como tal. Lo mismo ocurre con muchos importadores de productos de determinados sectores o con profesionales de la compra venta de segundamano, coleccionismo y antigüedades. Pero estos no son los únicos que pueden vender a través de portales especializados o agregadores de vendedores. Es más, podemos utilizar estos portales como un canal más de nuestras ventas además de nuestra propia tienda online siempre que tengamos claros los objetivos de hacerlo, y las consecuencias.

En primer lugar hay que tener claros los objetivos de vender fuera de nuestra tienda, a través de plataformas de venta. Nos puede interesar para como parte de la estrategia de marketing para darnos a conocer y captar nuevos clientes. O

151

bien el objetivo puede ser tener un canal más de ventas que contribuya de forma significativa a nuestro negocio. Dependiendo de nuestro objetivo estaremos en esas plataformas de una forma u otra y evaluaremos si nos compensa o no. Para que la venta en plataformas de agregación de tiendas funcione hay que mantener vivo el catálogo de productos, cuidarlo (información, descripciones, precio) y disponer de un catálogo lo más amplio posible. Esto significa que si tenemos nuestra propia tienda online podemos estar duplicando el trabajo por lo que hay que tener claro si podemos asumirlo y nos compensa.

En segundo lugar hay que valorar las consecuencias. Las consecuencias es que tenemos que pagar una comisión por las ventas realizadas en esas plataformas, o bien pagar una cuota fija, etc., dependiendo de cada plataforma. Así que nuestros precios han de soportar esas comisiones. Por otro lado, algunas de las plataformas pueden canibalizar a nuestra propia tienda. Esto significa que la plataforma puede tener una gran capacidad de posicionamiento en Google y captar tráfico y clientes del buscador, un tráfico y clientes que nos puede complementar a los nuestros o que puede quitarnos a los nuestros. El cliente que nos compra a través de una plataforma de agregación en realidad no es nuestro cliente, es cliente de esa plataforma. Por tanto estas plataformas son fuente de ventas, pero nunca de contactos para enviarles información periódica o promociones. En el momento en que nos vayamos de la plataforma de agregación perderemos esas ventas sin más. Por tanto, hay que evaluar la presencia en estas plataformas con detenimiento.

13.3.1   Verticales

Cada sector tiene sus portales verticales o agregadores de tiendas y vendedores. Para el sector de la alimentación en España destacan Mumumio.com y Hermeneus.com. En la comunidad de Castilla y León con un modelo especial como ya he comentado en una sección anterior se encuentra eTendas.com. Para el sector de la artesanía, manualidades, moda y complementos las internacionales Dawanda.es y Etsy.com. En la parte de artesanía hay otros como Artesanum.com y Artesanio.com. Otro agregador multiproducto no muy conocido es Curiba.es.

¿Y no hay nada para otros sectores? Hay otros agregadores, pero no para todos los sectores porque no es sencillo atraer a un portal a un montón de vendedores y convertirlo en un canal de ventas importante. Lo que abunda más son directorios sectoriales o, lo que puede ser más interesante, comunidades verticales especializadas donde puedes mostrar tus productos o participar como uno más generando visibilidad para tu tienda online.

A continuación he separado dos plataformas internacionales de agregación de vendedores que por sus dimensiones y cuota de mercado deben ser tratadas de manera especial para entender cómo funcionan, que son eBay y Amazon.

13.3.2   Ebay

eBay es un pionero del comercio electrónico que comenzó en EEUU como portal de compraventa de objetos de segunda mano y se hizo muy popular por su sistema de venta en modo subasta. Actualmente, aunque sigue siendo una referencia para el comercio de segunda mano entre particulares, es uno de los escaparates de productos nuevos y usados de todo tipo a nivel internacional. Desde el año 2002, eBay incluye el medio de pago Paypal tras la compra de la empresa al observar que más del 50% de las transacciones del portal pasaban por este medio de pago. En Europa eBay opera desde Luxemburgo.

Si entramos hoy en eBay España vemos que es un escaparate multiproducto en una página sin fin. Podemos encontrar productos tanto nuevos como usados en modo de venta convencional o con el modelo de subasta. Podemos vender en eBay productos sueltos o tener nuestra propia tienda dentro del portal. En definitiva para un vendedor eBay se ha convertido en un servicio más de creación de tiendas online, con la diferencia de que la tienda que creas con eBay forma parte de eBay y los productos están incluidos como parte de su plataforma, y la tienda tendrá la dirección web del tipo stores.ebay.es/nombre-de-la-tienda, y el aspecto genérico de eBay.

Es una alternativa interesante a explorar, no sólo para vender sino también para conocer la oferta que existe en el sector en que nos movemos. Antes de utilizar eBay consulta las tarifas de cada modalidad de venta, tanto fijos como variables.

13.3.3   Amazon

Amazon nació como una librería online en EEUU y ahora se ha convertido en un gran centro comercial de productos nuevos de todo tipo además de libros. Desde el punto de vista de negocio han dado un cambio cualitativo y se han convertido en proveedores de servicios de tecnología (plataformas e infraestructura tecnológica), pero eso es otra historia que ahora no nos interesa.

En lo que se refiere al comercio electrónico, Amazon es un gigante que tiene presencia en España desde septiembre de 2011. Tras conseguir un importante volumen de ventas abrió su

154

almacén logístico en Madrid a finales del año siguiente y en estos momentos está preparando un nuevo almacén mucho más grande en Barcelona que espera esté operativo a finales del 2015.

El funcionamiento de Amazon es diferente al de las plataformas de agregación de vendedores habituales ya que Amazon no sólo vende lo que ofrecen los vendedores agregados, sino que vende de forma directa haciendo la competencia a sus propios vendedores. Mumumío tiene algunas similitudes en este sentido con Amazon, de forma que cada vez más se convierte en vendedor propio canibalizando a los vendedores agregados a los que ofrece un espacio dentro de Amazon a cambio de una comisión por venta o bien con una cuota mensual aparte de otros costes variables.

Al entrar a vender en este tipo de plataformas debes evaluar si te beneficia o te perjudica. Si eres fabricante o distribuidor de productos exclusivos empezar a vender en una plataforma así con tanta repercusión es una forma muy buena de conseguir ventas y posiblemente de convertirse en proveedor mayorista de la propia plataforma.

14. Hosting para tiendas online

El hosting es un asunto espinoso en el que hay una batalla tremenda entre proveedores donde todos ofrecen lo más, lo mejor y al mejor precio. Pero siendo realistas sólo uno puede ofrecer lo más, otro lo mejor y otro el mejor precio. Cuando me preguntan por un hosting para cualquier proyecto y por delante va la premisa de que sea el más barato y de calidad, directamente me atengo a mi derecho a no contestar.

Necesitaremos un servicio de hosting cuando optemos por utilizar una aplicación de tienda online del tipo *open source* y por tanto tenemos que instalarla en nuestro propio alojamiento web.

Cuando elegimos un hosting para nuestra tienda online debemos tener claras las prioridades por las que nos vamos a guiar:

- precio: cuando no tienes recursos (económicos) y necesitas ir a buscar el mejor precio. Bien, pero has de saber que el mejor precio es posible que no te sirva durante mucho tiempo. En el momento en que tu nivel de recursos económicos cambie debes plantearte el cambio de hosting.

- soporte al cliente: tus conocimientos técnicos son muy básicos y necesitas saber que cuentas con un buen soporte técnico que responda en un plazo razonable (máximo 24 horas) y que atienda dudas generales, que tenga guías online para la gestión del servicio, etc.

- prestaciones: necesitas un servicio con recursos de hosting amplios que aguanten campañas de email marketing y SEM, una rápida velocidad de respuesta. Te preocupa el SEO y quieres IP española (o del país que corresponda).

Esto lleva a otra consideración. En ocasiones podemos disponer en un mismo proveedor de servicios distintos que cumplen cada uno con una de las características de nuestra selección, pero también será habitual que encontremos proveedores distintos en función del parámetro que elijamos como prioritario. Así que si sabes de antemano que el hosting elegido no es para siempre y que en un corto espacio de tiempo has de migrar, es importante que sepas qué vas a necesitar para realizar esa migración, compromisos de permanencia con el proveedor inicial, recursos que pone a tu disposición que te permiten exportar tu web completa sin complicaciones, etc.

¿Y qué hosting recomiendo yo? No puedo recomendar ninguno sin conocer las características del proyecto concreto. No puedo hacer recomendaciones yo ni nadie. Cada proyecto tiene unas necesidades y unas posibilidades diferentes y existe el proveedor para cada uno de ellos. No se trata de si un hosting es mejor o peor, sino de si cubre tus necesidades o no, y a un precio razonable.

De todas formas decir que el precio del hosting no es caro y que la relación calidad-precio en los proveedores de hosting españoles es muy buena como norma general.

15.Normativa aplicable al comercio electrónico

Tener en cuenta la legislación es muy importante si no queremos disgustos que nos podemos ahorrar simplemente redactando unas condiciones legales adecuadas a nuestra tienda online. Este apartado del manual no constituye consejo jurídico de ningún tipo ni tiene validez legal de ningún tipo sino que se trata de un contenido informativo a título personal y por tanto recomiendo consultar con un profesional en caso de duda.

Recomiendo encarecidamente leerse las principales normativas de aplicación al comercio electrónico aunque nos parezcan un poco pesadas.

Pero antes de nada, un recordatorio de lo que necesitamos como profesionales para vender por internet, es decir, para desarrollar una actividad económica (como para cualquier otra actividad económica):

- si es la primera vez que inicias una actividad profesional por tu cuenta deberás darte de alta en la Agencia Tributaria con una declaración censal (modelo 036) eligiendo el epígrafe correspondiente del Impuesto de Actividades Económicas (IAE) según la actividad que vayas a realizar. El impuesto está exento hasta millón de euros de facturación anual. Si ya dispones de un negocio tan sólo deberás cursar el alta en un nuevo epígrafe que te permita vender online.
- darte de alta como autónomo en la Tesorería General de la Seguridad Social.
- los autónomos deberán llevar el resultado de la actividad a su declaración anual de la Renta (IRPF).

En cualquier caso recomiendo consultar con una gestoría para conocer las obligaciones fiscales y tributarias que son de aplicación.

Las dos normativas específicamente aplicables al comercio electrónico a nivel estatal que debemos tener en cuenta son:

- Ley 34/2002, de 11 de julio, de servicios de la sociedad de la información y de comercio electrónico, cuya última modificación data del 10 de mayo de 2014 (LSSICE).
- Ley 3/2014, de 27 de marzo, por la que se modifica el texto refundido de la Ley General para la Defensa de los Consumidores y Usuarios y otras leyes complementarias,

aprobado por el Real Decreto Legislativo 1/2007, de 16 de noviembre, publicada el 28 de marzo.

De forma general e además de estas dos debemos tener en cuenta la Ley Orgánica de Protección de Datos (LOPD), y sobre todo el reglamento posterior que lo desarrolla, texto cuya última modificación data del 8 de marzo de 2012. En el documento de recursos se encuentran enlazadas todas estas normativas para su consulta completa. La web de la Agencia Española de Protección de Datos (AGPD) es agpd.es

Cumplir la LOPD es el primer paso de cualquier negocio online, y para esto debemos tener en cuenta los siguientes derechos de los usuarios:

- informar a los usuarios de qué datos personales estás recogiendo y para qué los vas a utilizar.
- disponer de medidas de seguridad para que los datos recogidos no caigan en manos de cualquiera.
- registrar el fichero de datos personales en la Agencia de Protección de Datos: se trata de un simple trámite, una notificación a la AGPD. En futuras revisiones de la normativa es probable que se elimine esta obligación por la actualización de la normativa europea.

La LSSICE se centra más en los servicios, y en este caso nos interesa por las siguientes cuestiones:

- comunicaciones comerciales por vía electrónica
- contratación por vía electrónica
- "ley de cookies". En la página de recursos dispones de un enlace a la guía oficial de la AGPD sobre la normativa de cookies y su cumplimiento. En realidad se trata de una actualización de la LSSI que determina cómo debe ser el uso de las cookies y la información al respecto que es necesario dar a los usuarios de cualquier sitio web.

En lo relativo a las cookies tenemos por una lado lo que dice la normativa y la explicación que hace de la misma la propia AGPD, y por otro un informe de la propia Agencia que *de facto* supone la suavización de las obligaciones por parte de las webs. En este sentido el legislativo está trabajando en una suavización del capítulo de advertencias y sanciones por el incumplimiento de la normativa.

En principio para cumplir con la reglamentación sobre cookies debemos solicitar el consentimiento expreso del usuario antes de utilizar cookies que identifiquen al usuario mientras navega por nuestra web. Estas cookies incluyen las de terceros como Google Analytics, por lo que cualquier web que las utilice debe solicitar este permiso expreso y previo.

Sin embargo, en la práctica lo que se está haciendo es simplemente informar al usuario de que se están utilizando cookies, pero no se le pide el consentimiento previo para usarlas. Esto no cumple técnicamente la normativa pero es suficiente para no ser sancionados. No obstante, hay algunas consideraciones más al respecto que conviene que consultemos con un especialista como disponer de una página especial que expresamente explique qué cookies usamos y con qué fines, etc., y sobre todo estar al tanto de los cambios que se puedan producir en la normativa, que los habrá a corto-medio plazo.

Todo lo anterior no deja de ser algo general a la actividad electrónica, pero lo que es más específico del comercio electrónico es la ley de defensa de los consumidores, de la que extraigo lo siguientes temas a mi entender más importantes.

- los derechos reconocidos por la legislación no son renunciables por parte del cliente: esto quiere decir que no podemos tener unas condiciones de contratación más restrictivas que las que indica la normativa, y si las tenemos serán nulas.

- los datos del fabricante, datos de producto, instrucciones de uso, etc., deben estar redactadas al menos en castellano.

- información previa al contrato: todos los datos del proveedor del producto o servicio (nuestros datos legales) incluido un teléfono de contacto, así como precio final completo incluidos impuestos o tasas, condiciones especiales de contratación, etc., deben ser comunicadas previamente y de forma clara y comprensible al cliente.

- todo pago adicional ha de ser aceptado previamente por el cliente.

- no se podrán cargar al cliente importes por el uso de un medio de pago determinado, superiores al coste de dicho uso.

- derecho de desistimiento: el cliente tiene 14 días naturales para deshacer la compra a contar desde la recepción de la misma, y no puede suponer ningún gasto para el cliente; es necesario devolver el importe íntegro pagado por el cliente sin restar ningún tipo de gastos (tampoco el transporte). El plazo para la devolución del importe es de 14 días naturales desde la solicitud de la devolución. Este punto no aplica a algunas excepciones como son los productos perecederos o productos confeccionados a medida o personalizados. La normativa incluye un modelo de documento de información al consumidor y usuario sobre el desistimiento y un modelo de formulario de desistimiento, que es interesante tenerlo a mano para las solicitudes de devoluciones que se produzcan en nuestra tienda.

16.Formación para el comercio electrónico

Este apartado es muy interesante porque con la gran cantidad de información que encontramos en internet sobre cualquier tema muchas veces cuesta discernir entre información de valor e información de relleno. Llegados a este punto del manual hemos visto que el comercio electrónico tiene una gran cantidad de implicaciones en muchos ámbitos y es difícil ser un experto en todos ellos. Para mejorar en las facetas en las que tenemos menos experiencia hay numerosos cursos de formación, tanto presenciales como online. Sería muy complicado hacer un listado de las entidades y programas de formación locales que se ofrecen así que no lo haré, pero sí os dejo mis parámetros para seleccionar un buen curso de formación, del tipo que sea:

- trayectoria formativa de la entidad: si es nueva o tiene experiencia, si está vinculada a centros universitarios, etc.
- ediciones anteriores del programa de formación.
- claustro de profesores con experiencia práctica contrastada en comercio electrónico: no es necesario que sea en tiendas online de máximo nivel, pero sí que tengan cierta experiencia práctica real.
- orientación del temario: cada temario pone más peso en unas facetas del comercio electrónico, compara y escoge el que mejor se adapte a tus necesidades.

17.Tendencias en comercio electrónico

Sin pretender ser un gurú ni un adivino hay algunas tendencias que podemos encontrarnos si estamos al tanto de las novedades del sector del comercio electrónico, que en definitiva significa estar atentos a los movimientos que hacen las grandes empresas a nivel internacional y a la aparición de pequeños nuevos jugadores que innovan con sus propuestas para hacerse un hueco en un mercado muy competido.

La primera tendencia, ya establecida en el "ahora" es la venta a través de dispositivos móviles y los usuarios multicanal. Muchos modelos de venta comienzan con el canal móvil como objetivo primero y principal de venta para atraer a esos clientes que las empresas que copan las cuotas de mercado se están dejando por desatender a estos usuarios que son los más prometedores en cuanto a rentabilidad y evolución de su volumen.

Unido al canal móvil aparece el usuario multicanal que no utiliza un sólo dispositivo para evaluar los productos antes de comprarlos. Puede ser que utilice dispositivos móviles como entrada para ver y comparar productos y termine la compra en un ordenador de sobremesa, o incluso en una tienda física. El estudio y gestión de los usuarios multicanal puede ser una estrategia diferenciadora de muchos comercios electrónicos a la hora de conseguir su cuota de mercado.

Por otro lado tenemos la aparición de grupos de tiendas online relacionadas entre sí, bien porque operan bajo el paraguas de una misma empresa, bien porque se unen para apoyarse entre sí. Las sinergias entre tiendas online muy especializadas en diferentes productos pueden llegar a ser muy potentes si se gestionan adecuadamente. Se pueden realizar todo tipo de campañas de promoción y publicidad cruzadas y conseguir el paso de clientes de una a otra tienda. Si contabilizamos como un único cliente en varias tiendas al final tendremos una tasa de repetición multitienda muy importante que compensa las dificultades de acceso al mercado o compensa una cuota de mercado reducida por la competencia o por los motivos que sean.

En esta línea, las empresas con más experiencia en tiendas online optan por crear tiendas de productos similares para ofrecer un sólo carro de la compra entre todas ellas de forma que con campañas de captación de usuarios muy especializadas al final pueden lograr compras cruzadas que aumentan el tique medio, y una vez más, la rentabilidad del cliente.

Otras tendencias es a la optimización de los gastos de transporte y la subvención parcial de los mismos para evitar dudas en los clientes, de forma que se imponen precios de transporte fijos. La creación de duda y desconfianza sobre los gastos de transporte todavía es un freno para la finalización de muchas compras online. Al indicar precios fijos lo más reducidos posibles mejoramos la confianza del cliente y mostramos un mejor precio final del pedido.

La reducción del precio de la cesta de la compra que incluye gastos de envío también es una tendencia que han comenzado los pequeños comercios electrónicos a costa de hacer un gran esfuerzo y las grandes empresas han recogido el guante y están haciendo lo mismo llegando a bajar muchísimo el importe necesario para no pagar gastos de transporte. En ocasiones el precio del transporte es lo único que diferencia unas tiendas de otras.

Los plazos de entrega es otro de los aspectos de los que se lleva tiempo hablando. A nivel internacional los grandes como Amazon o Google han comenzado a implantar, de forma muy local, la entrega casi inmediata. En España tenemos a ikiOra.es, un portal de comercio electrónico especializado en entregas en una hora y entregas en horario a medida en el mismo día gracias a los acuerdos con tiendas locales.

18.ANEXO – Página de recursos del Manual de Iniciación para la creación y gestión de Tiendas Online Loogic 2014.

18.1   Normativa

- Agencia Española de Protección de Datos:
  http://www.agpd.es/
- Normativa consolidada LOPD:
  http://www.agpd.es/portalwebAGPD/canaldocume
  ntacion/legislacion/estatal/common/pdfs/LOPD_co
  nsolidada.pdf
- Real Decreto sobre LOPD:
  http://www.agpd.es/portalwebAGPD/canaldocume
  ntacion/legislacion/estatal/common/pdfs/RD_1720
  _2007.pdf
- Guía oficial sobre cookies para webs, de la AGPD:
  http://www.agpd.es/portalwebAGPD/canaldocume
  ntacion/publicaciones/common/Guias/Guia_Cooki
  es.pdf
- Ley de servicios de la sociedad de la información
  y de comercio electrónico, texto consolidado:
  http://www.boe.es/buscar/pdf/2002/BOE-A-2002-
  13758-consolidado.pdf
- Ley General para la Defensa de los Consumidores
  y Usuarios:
  http://www.boe.es/boe/dias/2014/03/28/pdfs/BOE-
  A-2014-3329.pdf
- Información oficial europea sobre IVA
  transfronterizo:
  http://europa.eu/youreurope/business/vat-
  customs/cross-border/index_es.htm

- Información general de la Agencia Tributaria española sobre el IVA:
  http://www.agenciatributaria.es/AEAT.internet/Inicio_es_ES/La_Agencia_Tributaria/Normativa/Normativa_tributaria_y_aduanera/Impuestos/Impuesto_sobre_el_valor_anadido__IVA_/Impuesto_sobre_el_valor_anadido__IVA_.shtml

- Texto consolidado del Impuesto sobre el Valor Añadido (IVA):
  http://www.boe.es/buscar/pdf/1992/BOE-A-1992-28740-consolidado.pdf

- Tabla resumen de la Agencia Tributaria española sobre el tipo impositivo del IVA por productos:
  http://www.agenciatributaria.es/static_files/AEAT/Contenidos_Comunes/La_Agencia_Tributaria/Segmentos_Usuarios/Empresas_y_profesionales/Novedades_IVA_2012/Nuevos_tipos_IVA_es_es.pdf

- Régimen especial del IVA para bienes usados:
  http://www.agenciatributaria.es/AEAT.internet/Inicio_es_ES/_Segmentos_/Empresas_y_profesionales/Empresas/IVA/Regimenes_de_tributacion/Regimenes_especiales/Regimen_especial_de_bienes_usados/Regimen_especial_de_bienes_usados.shtml
  y el pdf en
  http://www.agenciatributaria.es/static_files/AEAT/Contenidos_Comunes/La_Agencia_Tributaria/Segmentos_Usuarios/Empresas_y_profesionales/Personas_juridicas/I.V.A./Regimes_especiales/RE_bienes_usados/Normativa_Bienes_Usados_2013.pdf

- Información general sobre el IVA, documentación elaborada por la Comunidad de Madrid:
  http://www.madrid.org/cs/StaticFiles/Emprendedores/GuiaEmprendedor/tema2/F08_2.1_EL_IVA.pdf

- Información de la Agencia Tributaria sobre Actividades Económicas: http://www.agenciatributaria.es/static_files/AEAT/C ontenidos_Comunes/La_Agencia_Tributaria/Segm entos_Usuarios/Empresas_y_profesionales/Empre sario_individuales_y_profesionales/Folletos/Follet o_Actividades_Economicas.pdf
- Normativa sobre facturación: https://www.boe.es/buscar/pdf/2003/BOE-A-2003-21845-consolidado.pdf

18.2   Recursos prácticos

- Cálculo del LTV (*Life Time Value*) y recurrencia de las ventas en el blog François Derbaix: http://francoisderbaix.com/2013/11/20/modelo-de-estudio-de-cohortes/
- Certificados de seguridad SSL para ecommerce: http://loogic.com/certificados-ssl/

18.3   Información sobre SEO y otros recursos oficiales de Google

- Información general sobre SEO: https://support.google.com/webmasters/answer/35291?hl=es
- Manual de SEO en pdf: http://static.googleusercontent.com/media/www.google.es/es/es/webmasters/docs/guia_optimizacion_motores_busq ueda.pdf

- Información sobre Google Merchant Center
  https://www.google.com/merchants/merchantdashboard
- Google Webmaster Tools:
  https://www.google.com/webmasters/tools/home?hl=es

18.4   Información general

- Cuántas tiendas online hay en España.
  - Artículo en Loogic.com: http://loogic.com/cuantas-tiendas-online-hay-en-espana/
  - Informe completo en Xopie.com: http://www.xopie.com/es/tiendas-online-espana